政府购买养老服务的
绩效评价研究

张　锐　刘俊霞◎著

U0654547

Wuhan University Press
武汉大学出版社

图书在版编目(CIP)数据

政府购买养老服务的绩效评价研究 / 张锐，刘俊霞著. — 武汉：武汉大学出版社，2021.10
ISBN 978-7-307-22162-8

Ⅰ．政… Ⅱ．①张… ②刘… Ⅲ．养老－社会服务－政府采购制度－研究－中国 Ⅳ．①D669.6 ②F812.2

中国版本图书馆 CIP 数据核字(2021)第 193479 号

责任编辑：黄朝昉   责任校对：孟令玲   版式设计：左图右书

出版发行：**武汉大学出版社**（430072　　　武昌　　　珞珈山）
（电子邮箱：cbs22@whu.edu.cn 网址：www.wdp.com.cn）
印刷：武汉乐生印刷有限公司
开本：710×1000　1/16　　　印张：10　　　字数：144千字
版次：2021年10月第1版　2022年3月第1次印刷
ISBN 978-7-307-22162-8　　　定价：56.00元

前　言

　　随着人口老龄化问题的日益严重,养老服务的需求不断增加。我国政府对购买养老服务逐渐重视,相关制度的顶层设计不断完善。不仅如此,各级政府均在购买养老服务方面进行了大量投入。以武汉市为例,6 732.48万元、7 020.53万元、8 414.54万元,2016年和2017年的增长率分别为4.28%、19.88%。政府购买养老服务是否实现了政策目标,是否满足了老人需求,实施中又有哪些需要改进之处,则亟须通过政府购买养老服务绩效评价来加以明确。然而,我国许多地区对政府购买养老服务绩效的评价还处于起步阶段,各自为政,相关政策规定缺乏可操作性,评价的标准、方法和指标体系不健全。《国务院办公厅关于政府向社会力量购买服务的指导意见》、财政部等《关于做好政府购买养老服务工作的通知》等政策文件,要求加强政府购买养老服务绩效的评价,注重养老服务对象的满意度评价。在此背景下,本研究以武汉市机构养老服务为例,试图回答四个核心问题:1.为什么评价政府购买养老服务绩效? 2.如何评价政府购买养老服务绩效? 3.政府购买养老服务绩效怎么样? 4.提高政府购买养老服务的路径是什么?

　　从上述四个研究问题出发,本研究内容可以分为四个部分和八个具体章节。第一部分为导论,主要回答上述研究问题。这一部分提出本研究的背景和意义,在前人研究成果的基础上提出本研究的思路和创新之处。第二部分包括第一章至第四章,主要回答上述研究问题2。这一部分探讨政府购买养老服务绩效评价的理论依据、现实基础以及国外经验对评价维度和框架的启示,在此基础上构建政府购买养老服务的评价指标体系,并结合武汉市机构养老服务的实际,进行调研设计。第三部分包括第五、六、七章,通过实证研究回答上述研究问题3。这三章以武汉市机构养老服务为例,分别从公平、效率、效果三个维度对政府购买养老服务过程中资源配置的公平、政府购买养老服务的效率、机构养老服务的服务质量进行分析。在政府购买机构养老服务中,政府并没有直接生产服务,而是通过养老机构这一传导机制提供给服务对象。因此,对政府购买机构养老服务结果的评价,必须通过对养老机构的养老服务质量的评价来体现。对机构养老服务质量的评价可以弥补公平和效率维度评价的不足。第四部分包括第八章,回答上述研究问题4,即对本研究主要研究结论进行归纳,并提出相应的对策建议。

本研究采用泰尔指数和基尼系数对武汉市在政府购买机构养老服务过程中的资源配置公平程度进行研究,使用数据包络分析(Data Envelopment Analysis,DEA)方法对武汉市政府购买机构养老服务的效率进行分析。基于感知服务质量理论,借鉴 SERVPERF 量表,设计机构养老服务质量评价量表评价武汉市机构养老服务质量,并使用回归分析法探讨政府购买机构养老服务支出对机构养老服务质量的影响。最后,探讨提高政府购买机构养老服务绩效的对策。本研究有如下发现。

第一,政府购买机构养老服务资源配置公平性程度的差异主要源于组内差异,即各行政区内部分配不公平。

第二,武汉市政府购买机构养老服务的综合技术效率处于较高水平,各区之间的差异性不明显。中心城区购买机构养老服务的综合技术效率低于远城区,这也意味着购买机构养老服务的综合技术效率与经济发展状况并不成正比。在6个行政区中,规模报酬不变的有2个区,规模报酬递增的有1个区,规模报酬递减的有3个区。

第三,武汉市政府机构养老服务质量总体情况不高,58%的养老机构养老服务质量得分低于总体平均水平。机构养老服务质量在可靠性方面有待改进,在可靠性、保证性和有形性方面存在较大差异。政府直接投资对机构养老服务质量没有显著影响;而养老机构床位补贴对机构养老服务质量具有显著的正向影响。在控制其他变量条件下,每增加一个补贴床位数,机构养老服务质量评价综合得分会提高0.001。

本研究主要有以下创新。

第一,完善了政府购买养老服务绩效评价指标体系。包国宪、章晓懿和吉鹏等学者以居家养老为例,构建了政府购买养老服务绩效评价指标体系。本研究以武汉市机构养老为例,构建了政府购买机构养老服务绩效评价指标体系,与前人研究共同形成完整的政府购买养老服务绩效评价体系。

第二,设计机构养老服务质量评价量表。基于感知服务质量理论,借鉴SERVPERF量表,设计机构养老服务质量评价的调查量表,并结合武汉市机构养老服务的实际情况对量表进行优化,为实务工作者评价机构养老服务质量提供可操作的工具。

第三,提出政府购买机构养老服务的投资方式向补贴方式转变。在研究武汉市机构养老服务质量时发现,政府直接投资对机构养老服务质量没有显著影响,而政府对养老机构的床位补贴则对机构养老服务质量具有显著的正向影响。这为政府转变购买机构养老服务支出方式提供了依据。

目　录

导 论

一、研究背景与意义

（一）研究背景

第七次人口普查数据显示,我国60岁及以上人口的比重达到18.7%,其中,65岁及以上人口比重达到13.5%。在中国31个省、自治区、直辖市中,天津、辽宁、吉林、黑龙江、上海、江苏、安徽、山东、湖北、湖南、重庆、四川12个省市65岁及以上老年人口比重超过14%,已经进入深度老龄化社会。[①]这对养老服务供给侧提出了更高的要求。

在我国,养老方式主要有居家养老、社区养老和机构养老三种。居家养老作为传统养老方式,易于被社会所接受,一直以来都是最主要的养老方式。近年来,社区养老受到重视,在许多城市取得很大发展。机构养老在整个养老体系中,虽然所占比重相对较低,但具有其他方式不可替代的作用,对于"三无"老人而言尤其如此。目前,机构养老虽然有了一定的发展,但相对于不断扩大的养老服务需求而言仍显严重不足。按照《中国养老产业发展白皮书》的数据,国内能够入住养老机构的老人数量仅为全国65岁以上老年人总数的2.1%和失能老人总数的8.5%。按照北京的"9064"方案,90%的老人居家养老,6%的老人社区养老,还有4%的老人需要机构养老;按照上海的"9073"方案,90%的老人居家养老,7%的老人社区养老,还有3%的老人需要机构养老。可见,实际能够入住养老机构的老人比例与前面两种方案均存在差距,机构养老服务的供给存在不足,没有满足老人的机构养老服务需求,也没有达到政策目标。随着老龄化程度的不断提高和老龄人口规模的迅速扩大,机构养老

---

① 国家统计局. 第七次全国人口普查主要数据情况[EB/OL].(2021-05-11)[2021-05-21]. http://www. stats. gov. cn/ztjc/zdtjgz/zgrkpc/dqcrkpc/ggl/202105/t20210519_1817693.html.

服务的供给能力应进一步提升。

随着人口老龄化问题的日益加深,中国政府对养老服务逐渐重视,制度的顶层设计不断完善。在1996年国家出台了《中华人民共和国老年人权益保障法》(以下简称《老年人权益保障法》),并先后进行了三次修订。

《老年人权益保障法》明确提出"老年人有从国家和社会获得物质帮助的权利",以及实现"老有所养、老有所医、老有所为、老有所学、老有所乐"的目标。该法还明确了政府在提供养老服务方面的角色和责任,要求国务院有关部门制定养老服务设施建设、养老服务质量和养老服务职业等标准,建立健全养老机构分类管理和养老服务评估制度。政府有关部门也相继出台了政府购买养老服务的一系列政策,包括《国务院关于加快发展养老服务业的若干意见》(国发〔2013〕35号)、《国务院办公厅关于政府向社会力量购买服务的指导意见》(国办发〔2013〕96号)、《国务院办公厅关于全面放开养老服务市场提升养老服务质量的若干意见》(国办发〔2016〕91号)、《国务院办公厅关于制定和实施老年人照顾服务项目的意见》(国办发〔2017〕52号)等。不仅如此,各级政府均在政府购买养老服务方面进行了大量投入。以武汉市为例,政府在2015年、2016年和2017年购买养老服务的财政支出分别为6 732.48万元、7 020.53万元、8 414.54万元,2016年和2017年的支出增长率分别为4.28%、19.88%。那么,政府购买养老服务的支出是否实现了政策目标?是否满足了老人需求?则亟须通过对政府购买养老服务绩效评价来加以度量。

2014年8月,财政部等四部委下发《关于做好政府购买养老服务工作的通知》(财社〔2014〕105号),提出加强购买养老服务项目绩效评价。2016年6月,在《民政部、国家发展和改革委员会关于印发〈民政事业发展第十三个五年规划〉的通知》(民发〔2016〕107号)中也提出要建立健全由购买主体、养老服务对象以及第三方组成的综合评审机制,加强购买养老服务项目绩效评价,而且,财政部等四部委下发的《关于做好政府购买养老服务工作的通知》(财社〔2014〕105号)对政府购买养老服务做了更详细的规定,提出要加强绩效评价,形成综合评审机制,绩效评价体系要注重养老服务对象的满意度评价,也对政府购买养老服务绩效评价体系提出指导性意见。

2017年,习近平总书记在中央财经领导小组第十四次会议上强调提高养老服务质量,加快建立全国统一的服务质量标准和评价体系,加强机构养老服务质量监管。为了及时、科学、综合应对人口老龄化,国务院着眼于当前养老服务业面临的短板,提出到2020年实现养老服务质量显著改善、群众满意度明显提高,并对重点任务分工及进度进行了安排。这为全方位开展质量建设、打造养老服务"中国品牌"提供了系统性指导。为解决养老院服务质量的突出问题,民政部等六部门提出建立以质量与效益为导向的机构养老服务发展机制,形成"安全、诚信、优质"的养老院,到2017年底,实现养老院服务质量明显改善,形成一批具有质量可靠、服务标准、人有专长的专业化养老院。到2020年底,基本形成全国统一的养老服务质量标准与评价体系、更完善的养老服务质量治理与促进体系,明显提高了机构养老服务质量整体水平。民政部等六部门还要求各地区对照《养老院服务质量大检查指南》,对辖区内所有养老院自查情况进行逐一核查。湖北省人民政府也提出加快推进养老服务业供给侧结构性改革,保障基本需求,繁荣养老市场,提升服务质量,让老人享受到优质养老服务,增强社会成员获得感。

政府购买养老服务绩效的评价,尽管有较充分的法律和政策依据,但是并没有统一可行的绩效评价框架、评价标准和评价方法,缺乏全面、客观和可行的绩效评价指标体系,也没有形成由政府权威部门组织的架构和评价机制。我国过去开展的政府绩效评估,无论是普适性政府机关绩效评估,还是行业的组织绩效评估,各地、各行业都有自己的评估指标和模式,导致各地之间无法比较,而且这样的评估不统一、不规范,也很难保证结果的真实可靠性。近年来,我国部分地区尝试对政府购买养老服务实施绩效管理,并取得一定成果。地方政府对政府购买养老服务绩效的评价处于发展起步阶段,基本上也是各自为政,相关政策规定非常笼统,评价的标准、方法和指标体系不健全,评价的组织有待加强。

政府购买养老服务绩效评价结果的公开和应用有待改进。财政部等《关于做好政府购买养老服务工作的通知》(财社〔2014〕105号)提出，在绩效评价体系中，要侧重受益对象对养老服务的满意度评价，而且，绩效评价结果要向社会公布。在网站上很难看到政府购买养老服务绩效评价结果的公示，这种缺乏绩效反馈环节的绩效评价使得政府部门的持续改进缺乏针对性，且缺乏公众参与和监督的绩效评价很难做到公正客观。

党的十九大明确提出，我国社会主要矛盾已经转化为人民日益增长的美好生活需要和不平衡、不充分的发展之间的矛盾。为了满足日益增长的养老服务需求，必须提高政府购买养老服务的公平、效率和养老服务质量。在此背景下，本研究在深入研究政府购买养老服务相关理论和国外购买机构养老服务绩效评价指标体系的基础上，针对机构养老构建政府购买养老服务绩效评价指标体系。在深入了解政府购买机构养老服务发展历史及现状的基础上，以武汉市机构养老服务为例，从公平、效率、效果三个维度对政府购买养老服务绩效进行评价，分析政府购买机构养老服务支出对机构养老服务质量的影响，并提出针对性的建议。本研究对于完善政府购买养老服务的绩效评价和促进政府购买养老服务绩效的提高具有一定的理论与现实意义。

（二）研究意义

1.拓展政府购买养老服务绩效评价的研究

政府购买公共服务涉及领域广泛，主要包括医疗、教育、就业、公共交通等多方面，相关学者对相应领域进行了较深入的研究。机构养老作为养老服务体系的重要组成部分，国内学者对其重视程度不够，对政府购买机构养老服务的相关研究也不够充分和深入。研究内容大多关注政府购买机构养老服务的政策分析、机构养老服务的满意度等方面，对于政府购买机构养老服务的绩效研究十分欠缺。政府购买机构养老服务的初衷在于实现公共服务均等化，在公共资源约束的条件下，提高机构养老效率，为老年群体提供高质量的机构养老服务。因此，本研究以武汉市机构养老为例，尝试构建政府购买养老服务的绩效分析框架，探讨政府购买养老服务绩效的评价方法和指标,分析政府购买养老服务对机构养老服务质量的影响,寻求提高政府购买养老服务绩效的对策。本研究旨在为评价公共资源在机构养老领域配置的公平、政府购买机构养老服务的效率和机构养老服务的质量提供理论依据,同时有助于拓展政府购买养老服务的理论研究。

2. 为政府购买养老服务绩效评价提供技术工具

2014 年 8 月,财政部等四部委下发的《关于做好政府购买养老服务工作的通知》(财社〔2014〕105 号)提出了目标:到 2020 年,基本建立比较完善的政府购买养老服务制度。该通知还要求,建立健全由购买主体、养老服务对象及第三方组成的综合评审机制,加强购买养老服务项目绩效评价。2016 年 6 月,《民政部、国家发展和改革委员会关于印发〈民政事业发展第十三个五年规划〉的通知》(民发〔2016〕107 号)对建立健全三方综合评审机制和政府购买养老服务项目绩效评价再一次进行了强调,并提出要制定政府购买养老服务指导性目录。

对政府购买养老服务绩效评价问题展开研究,可以为完善政府购买养老服务制度和综合评审机制提供依据,为实施购买养老服务项目绩效评价提供思路和工具,也有助于提高机构养老服务质量。本研究构建政府购买养老服务的绩效分析框架,结合武汉市机构养老的实际情况,研究政府购买养老服务绩效的评价方法和指标,分析影响政府购买机构养老服务效果的因素,探讨提高政府购买养老服务绩效的对策,可以为相关政府部门审视其实际工作、做好政府购买机构养老服务工作提供参考。探索公共资源配置依据、机构养老服务管理监督体系、效率评价体系与效果评估体系,为开展政府购买养老服务绩效评价提供可操作工具,也有助于政府购买养老服务制度的完善和综合评审机制的建立健全。

3. 为政府公共资源配置提供方法和依据

本研究将基尼系数和泰尔指数两种方法加以结合,发挥其各自优势,避免单一方法分析的不足。对武汉市机构养老公共资源配置的公平性加以研究,为政府部门在制定机构养老公共资源规划和配置时提供依据。

本研究建立政府购买机构养老服务效率评价的投入和产出指标,使用 DEA 评价方法对武汉市政府购买机构养老服务效率进行测算,对各行政区域购买机构养老服务投入与产出的效率进行比较,并提出进一步改进政府购买机构养老服务财政投入的建议,为政府部门改进机构养老公共资源配置提供依据。

4.为养老机构提质增效提供针对性参考

鉴于养老机构是政府购买机构养老服务的传导机制,本研究在分析政府购买机构养老服务效果的过程中,使用回归分析探讨政府购买养老服务支出对机构养老服务质量的作用。本研究借鉴 SERVQUAL 模型,采用 SERVPERF 评价法设计量表,直接测量机构养老服务对象所感知的服务质量,采用相关分析和回归分析进一步探讨政府购买养老服务支出等因素对机构养老服务质量的影响,有利于养老机构决策者和管理者针对这些因素提升机构养老服务质量和效率。

二、国内外研究综述

政府购买公共服务是自 20 世纪 80 年代以来逐渐兴起的一种国际趋势。国内外学者从不同视角对政府购买养老服务相关问题展开了深入探讨。国内有关政府购买养老服务的研究相对较少,并主要集中于居家养老服务方面,有关政府购买机构养老服务的研究更加欠缺。本研究以武汉市机构养老服务为例,研究政府购买养老服务的绩效评价,因此,对养老服务需求与供给、政府购买养老服务的模式、政府购买养老服务的绩效评价等相关问题展开综述。此外,机构养老公共资源配置的公平问题、政府购买养老服务的效率、机构养老服务质量作为政府购买机构养老服务绩效的重要维度,也是本研究的理论依据。

(一)养老服务的需求与供给

Greenberg 等(1979)、Evashwick 等(1984)分析了老人个体因素,如老年人口数、家庭情况、经济状况、身体状况等对养老需求的影响。Wolf(1978)、Harrington 等(1987)分析了政策和社会体系对养老服务需求的影响。在养老服务的供给方面,Nicholas E.Flores(2002)主张政府应该对养老服务适度干预,原因在于养老服务具有准公共产品属性,仅仅依靠市场机制难以得到优化配置,但政府也不能大包大揽。Hillel Schmid (2004)认为,鉴于政府具有社会资源的最高统筹配置权,政府应发挥在养老服务体系建设中的作用,提供财政补贴等多方面支持,对机构发展加以监督和指导,为高质量机构养老服务提供保障。国内学者倪东生、张艳芳(2015)采用定量方法对政府购买养老服务制度自实施以来的养老服务供求水平进行测算,研究结果显示,中国养老服务失衡程度自2009年起加大,养老服务的供求失衡与养老服务经费、养老机构数量及养老服务人员数量显著相关。贡森等(2012)研究了养老服务体系发展的国际趋势及对我国的启示,认为我国养老服务体系应以居家养老、社会养老为主,机构养老应定位于为最需要的老年群体提供服务,应积极鼓励非营利性养老组织的发展。林卡等(2014)倡导发展面向普通老人的"适度普惠性"养老福利体系。丁志宏和曲嘉瑶(2019)研究发现,各项养老服务的供给、需求、利用结构存在明显差异。

(二)政府购买养老服务的模式

Salamon认为,在市场机制下,政府和社会组织可建立合作伙伴关系为公民提供服务。Maria Gorsky和Sally Sheard主张美国政府向老人发放养老服务代金券,老人自己选择机构,使用代金券获得满足需求的服务,使社会组织形成竞争关系。另外,政府购买服务的模式也存在不足。Dehoog(1990)认为,政府购买也有风险,即使在竞争模式中,也会存在投机的违法现象,甚至所发生的成本比政府直接供给更高。这一观点也得到Hodge(2000)的认同。鉴于美、英等国家政府购买公共服务理论比较成熟,实践开始较早,贾西津、张汝立、陈书洁、韩丽荣、于骁骁等国内学者从不同角度对英国、美国及日本等国家的政府购买养老服务展开研究,归纳出西方国家政府购买养老服务模式。

对于中国政府购买养老服务模式,莱斯特·萨拉蒙认为,中国政府购买养老服务只存在独立关系模式,而没有依赖竞争关系这种模式。清华大学王名教授的观点与其一致。韩俊魁认为,因NGO(Non-Government Organization,非政府组织)发展不够,我国主要有体制内吸模式和体制外非正式购买模式。王浦劬认为,我国的政府购买服务采用了各国普遍使用的合同制、政府直接拨款提供服务、招标购买三种模式。章晓懿认为,政府购买养老服务有共销和合作伙伴两种模式。吉鹏从主体间关系将政府购买养老服务分为委任代理关系和管家关系两种。夏涛则认为政府、养老机构和养老服务需求家庭之间是一种博弈关系。

(三)政府购买养老服务的绩效评价

西方学者对政府绩效的关注始于对公共项目的评估研究。受新公共管理理论的影响,1982年,英国财政部颁布"财务管理新方案",明确提出从"经济、效率、效果"(3E)的维度对公共部门的项目和服务进行评价。继美国国会于1993年通过《政府绩效与结果法案》之后,2004年美国联邦政府颁布《顾客至上:服务美国民众标准》。此后,私营机构全面质量管理、顾客满意度等管理理念和方法相继被引入政府绩效的评价。西方国家政府服务绩效评价的主要方法有3E评价法、标杆管理法、顾客满意度和平衡计分卡等。此外,西方学者从多个视角对政府购买社会服务的质量及其评估进行了研究。美国卫生研究服务中心在MDS质量评价体系的基础上提出了24条目质量评估指标体系。Haywood Farmer(1988)基于服务接受者的视角,主张服务质量应包括基础设施、过程与结果、专业人员行为和社交能力等内容。Wakefield(2001)将服务质量分为有形服务与无形服务,并认为社会服务质量是期望服务和感知接受服务二者之间的差距。美国学者Donabedian认为,可从结构质量、过程质量及结果质量三个角度来对社会服务质量进行评估。

国内学者也对政府购买养老服务评价展开了研究,尤其是关于政府购买居家养老服务的绩效方面的研究较深入。易成志认为,我国尚无居家养老服务绩效评价体系,而居家养老服务只有消费者体验后方能进行评价。郁建兴等学者认为,政府一旦选择了公共服务供给合作伙伴,就必须在绩效评价中引入公民参与。章晓懿等根据公平性、经济性、效率性和效果性的4E绩效评估框架形成了社区居家养老服务绩效评估的指标体系。包国宪、刘红芹运用SERVQUAL模型,从有形性、可靠性、响应性、安全性和移情性五个维度构建政府购买居家养老服务的评价指标。魏中龙等基于SOM神经网络的评价模型,从政府投入、服务机构投入、接受服务群众满意度三个维度建立评价指标对政府购买居家养老服务效率展开评价研究。吉鹏等运用数据包络分析法和美国顾客满意度模型(American Customer Satisfaction Index, ACSI)探讨了政府购买养老服务评价指标的构建。之后,他们基于政府购买养老服务过程,从养老服务需求、购买过程效率和购买结果满意度三个维度构建政府购买养老服务绩效评价框架。李春等分析了政府购买养老服务过程中的第三方评估制度。黄佳豪则以合肥市为例,基于居家养老服务评估的过程和内容建构与完善多元化、多层次居家养老服务评估体系。

(四)公共资源配置的公平

学者们对公平问题进行了长期、深入的研究,涉及哲学、政治学、经济学、法学、伦理学等广泛领域。公平是一个相对概念,对于公平及公平观,学者们基于不同视角展开研究,研究结论呈现多样化(杜鹏,2017)。休谟主张"公平是一种尊重财产权的美德",公平规则以功利为来源和基础。在古罗马法学家乌尔比安看来,公平的形式包括两种:保障人的权利不受侵犯和公平对待每一个人。马克思主义公平观的理论体系强调以"劳动"为同一尺度来进行分配,分配前做必要的"扣除",为社会全体成员提供公共产品和保险基金。罗尔斯认为,正义即公平,公平"是社会制度的首要价值",作为自由和机会、收入和财富、自尊的基础的所有社会价值都可以通过合理制度安排实现,政府可通过再分配改变初次分配的不平等,改善社会处境最差的群体。俞可平认为,"公平"是社会制度的首要原则,是一个程序和过程,指对公共权利和社会资源按同样原则进行分配、处理和评价。公平的本质是"合理",公平在经济领域表现为各主体间收入均等化和机会均等化的这种利益关系和利益分配的公正合理。作为国家基本权利和义务,公平规定着社会资源与利益在各群体间的合理安排。

对于公平应包含的内容,越来越多的学者认同"公平应该涵盖起点公平、过程公平、结果公平"这一基本含义。许多学者在这一内容基础上进行了进一步拓展。徐梦秋认为,公平包括两个方面:一是起点公平、过程公平、结果公平;二是原则公平、操作公平、结果公平。史耀疆、崔瑜认为,公平除了机会公平、程序公平、结果公平等客观内容之外,还包括社会成员对自身社会阶层的评价和社会调节对公平的促进作用。蒙丽珍认为,现代社会的公平应该是包含伦理公平、经济公平和社会公平的多层次复合体系,社会公平是更高层次的公平。一些学者强调机会公平。例如,弗里德曼认为,结果公平在现实中通常难以实现,机会公平才是最根本的公平,而机会是由人的才能决定的。阿马蒂亚·森基于能力赋予角度的观点与弗里德曼一致,他认为个人是否被赋予完成某些基本活动的能力决定着个人能否获得机会,是判断公平的尺度。一些学者强调程序公平,如诺齐克基于个人权利强调程序公平;哈耶克基于市场角度同样强调程序公平,他认为决定个人地位的竞赛程序必须公平,而不能苛求所获得的特定结果公平。[1]景天魁(2013)强调底线公平,并认为在中国这种社会差距巨大的复杂国情下,底线公平要比一般公平更有利于真正实现社会公平,是社会保障实现普惠性的基础。底线公平包括生存权利、健康权利和发展权利三个方面的公平。

政府在保证社会公平及为此而进行的调控方面扮演着很重要的角色。[2]公平正义的道德诉求通过政府制度安排实现,公共服务均等化是政府的道德责任(允春喜 等,2010)。[3]政府目标与市场目标不同,市场主要关注经济效率,而政府为履行公共职能,在资源再分配时关注社会公平(李锐 等,2015)。[4]政府在保持社会秩序和实现社会公平方面起着重要作用(边沁,1997)。"公平通过政府"这一论断在计划经济和市场经济条件下都适用,政府(国家)是实现社会公平最为重要的主体。现代意义的财政转移支付法要求中央政府实施财政宏观调控,在收入再分配、

---

①何建华. 经济正义论[M]. 上海:上海人民出版社,2004:7.

②史耀疆,崔瑜. 公民公平观及其对社会公平评价和生活满意度影响分析[J]. 管理世界,2006(10):39-49.

③中共中央马克思恩格斯列宁斯大林著作编译局. 马克思恩格斯选集:第3卷[M].2版. 北京:人民出版社,1995:304.

④罗尔斯. 正义论[M]. 何怀宏,何包钢,廖申白,译. 北京:中国社会科学出版社,1988:1-58.

地方财力均衡等方面发挥作用,以促进社会公平(徐阳光,2008)。"公平"意味着在对各地财政状况和税收努力统一评估的基础上,通过转移支付实现全国范围内的公共服务供给水平均等化(Musgrave,1987)。

在起点公平、过程公平方面,政府需要建立和维护必要合理的法律和规则,对合法产权和公平竞争环境进行保护;在结果公平方面,政府要通过再分配,对收入悬殊进行抑制和缓解(贾康,2007)。[1]

在是否公平的判断方面,常基于和他人比较的结果。罗伯特·K.默顿(2001)在美国社会学家斯托夫提出相对剥夺模式的基础上,用"参照群体"理论对相对剥夺感加以诠释,人们同不同参照群体的比较结果决定了公民对公平的感知。[2]

在公平程度的度量方面,景天魁(2013)基于底线公平理论构建了包括九个具体测量指标的指标体系,将各具体指标的目标值作为度量标准。而国内外学者使用最为广泛的方法是基尼系数和泰尔指数。[3]

在收入分配公平性方面,孙敬水、赵倩倩(2017)根据系统评价理论与方法,使用基尼系数法、逐级加权法得到起点公平度、过程公平度和结果公平度,使用几何加权法得到初次分配公平度、再分配公平度。[4]Almasa 等(2011)用广义基尼系数度量收入分配不公。阿马蒂亚·森(2004)提出了能力指数。[5]

在公共资源分配公平性方面,宋乃庆、马恋(2016)利用双变量泰尔指数层级分解和水平分解法,对重庆市义务教育财政支出公平性进行研究。[6]许莉等(2015)运用变异系数、基尼系数以及泰尔指数对小城镇公

[1]Musgrave R A, Musgrave P B. Public Finance in Theory and Practice:5th ed. [M]. New York: McGraw-Hill Book Company, 1987:530-545.
[2]Foster J E,Sen A. On Economic Inequality [M]. Oxford: Oxford University Press,1997: 274.
[3]景天魁. 底线公平概念和指标体系:关于社会保障基础理论的探讨[J]. 哈尔滨工业大学学报(社会科学版),2013,15(1):21-34.
[4]Theil H. Economics and Information Theory [M]. Chicago: Rand McNally, 1967: 1-253.
[5]阿马蒂亚·森. 能力、贫困和不平等:我们面临的挑战[M]//姚洋. 转轨中国:审视社会公正和平等. 北京:中国人民大学出版社,2004:1-713.
[6]Shorrocks A F. The Class of Additively Decomposable Inequality Measures [J]. Econometrics,1980,48(3): 613-625.

共服务区域差异进行了测量。韩雪梅、贾登勋(2013)将洛伦兹曲线、基尼系数和泰尔指数结合起来,对2009年甘肃省14个市(州)的卫生资源配置的公平性进行分析。申曙光等(2009)采用基尼系数、集中指数和卡瓦尼指数对广东省新农合制度的筹资与受益的公平程度进行了测算和分析。李晓燕(2009)采用差别指数、集中指数和卫生筹资公平性指数对新农合公平性进行研究。

也有少数学者对养老保障的公平问题进行研究。杜鹏(2017)对我国老年公平问题现状进行研究,发现我国老年人在健康水平、医疗卫生资源、社会保障、经济收入和社会参与等方面存在较为严重的城乡不公平和性别不公平,其原因有制度因素、经济因素和文化因素。因此,需要注重兼顾健康公平、保障公平和参与公平,兼顾机会公平和结果公平,兼顾老年群体内公平和代际公平,兼顾预防不公平和减少不公平,并通过完善相关政策来减少和消除老年不公平现象。刘芸(2017)主张建立以"公平"为核心的养老保障资源配置价值体系,在起点、程序和结果方面体现"公平",即以"人人平等"获得养老保障权利为起点,在养老保障项目实施过程中避免市场规则弊端,对弱生存能力、低收入的老年群体进行倾斜性保护,从而达到结果公平。冯占联等(2012)基于南京市和天津市2009—2010年的养老机构调查数据的研究结果显示,政府公共服务资源对不同性质养老机构的支持方面存在不公,公办机构在决定收住对象时比民办机构有更强的选择性,社会成员在使用养老机构资源时存在机会不平等。

在评价政府公共资源在养老服务方面配置公平性时,大部分文献仅进行描述性分析,没有使用实际数据和适当工具加以实证研究。

在公共资源配置公平的度量方面,基尼系数法和泰尔指数法得到最为广泛的运用。这两种方法各具优缺点。泰尔指数法优势在于可分解性,可得到不同层次和组别的公平性,但缺乏基尼系数那样对于公平性的判断标准。因此,本研究借鉴收入分配公平中常用的这两种方法展开研究,将二者加以结合,发挥其各自优势,避免单一方法分析的不足。本研究对武汉市2016年机构养老公共资源配置的公平性加以研究,为政府部门在制定和实施机构养老公共资源配置规划时提供依据。

(五)政府购买养老服务的效率

Pareto(1906)提出效率的概念并认为,经济资源配置使所有个人至少与其初始情况一样好,且至少有一个人的状况比初始时更好,如无其他可行方案,则该资源配置就最有效率。Farrell(1957)提出经济效率,并主张经济效率由技术效率和配置效率组成。其中,技术效率是在既定技术和投入条件下得到最大产出的能力,而配置效率体现在一定投入品相对价格和技术条件下,组织采用最佳投入品比例的能力。Whitesell(1994)、Mo和Li(1998)在Farrell的基础上提出关于经济效率、技术效率和配置效率的观点。虽然表述各有不同,但从内容上看,技术效率强调投入产出的比例关系,配置效率则关注不同投入组合比例所获得的不同产出。诺思(1994)从制度变迁视角提出制度效率,他认为,有效的制度可实现高效率的资源配置,提高各项社会经济活动效率,而落后的制度则使资源使用与配置的效率低。[①]

狭义的公共服务效率本质上为技术效率,即投入产出的效率,体现投入的公共服务资源与产出的公共产品或公共服务之间的关系(娄峥嵘,2008)。技术效率是客观指标,关注单位服务耗费的公共资源。公共服务难以将市场价格作为体现效率的指标。成本既包括直接成本,也包括间接成本。产出既包括养老机构数、床位数等产出数量,也包括入住老人满意度等产出质量。鉴于这些研究中的困难,Boyne等学者将成本界定为综合成本,认为公共服务是否有效率主要看是否以更低成本提供更多数量和更好质量的公共服务。许多学者从投入产出角度对公共服务效率进行了研究。Afonso和Fernandes(2008)对葡萄牙五个地区地方政府支出效率进行了研究。Hauner和Kyobe(2010)以国家为研究对象,评价114个国家的政府效率。

在教育供给效率方面,国内也有一些研究成果,如陈诗一、张军(2008)对财政分权后省级政府财政支出的效率加以研究。刘振亚等(2009)构建投入产出指标,测算各省市区的财政支出效率。韩华为、苗

---

①龚晓允.制度效率与经济效率比较分析[J].延安大学学报,2005,27(1):64-66.

艳青(2010)使用省市区的面板数据,对地方政府卫生支出效率进行了研究。孙成龙(2014)通过投入产出指标评价地方政府民生支出的效率。

对政府购买公共服务的效率评价问题,国外学者在许多领域进行了研究,既有政府购买服务综合效率的评价,也有针对某部门服务外包效率的评价,但在政府购买养老服务绩效评价方面的研究较少。萨瓦斯(2002)认为,公共服务外包是否有效取决于效率、效果和公平三项最基本的指标。①森宫胜子认为,购买公共服务评价的重点是"效率评价"和"结果评价"。国内也有相关成果,如敬乂嘉、胡业飞(2018)依据比较效率分析框架研究发现,政府购买公共服务的整体效率较低。②但是国内在政府购买养老服务效率评价方面研究成果较少。魏中龙(2010)使用SOM神经网络构建模型,评价政府购买居家养老服务效率,并提出政府优化资源配置和提高服务质量的建议。③钱海燕、沈飞(2014)采用DEA模型,研究合肥市政府购买居家养老服务的财政支出效率。④吉鹏、李放(2016)使用与钱海燕等相同的方法,建立政府购买社区养老服务投入产出指标,对不同城市社区政府购买养老服务效率进行综合评价,并提出优化建议。⑤

可以看出,学者基于不同视角对效率有不同解释,对公共服务的效率大多倾向于狭义的效率,即技术效率。对公共服务效率研究的成本和产出难以度量的问题,学者们提出从投入综合成本、公共服务产出的数量和质量三个方面进行评价。

萨瓦斯提出的用于衡量购买公共服务绩效的效率、效果和公平三项最基本指标得到普遍认可,并被许多学者应用。对政府购买养老服务评

---

①诺思. 制度、制度变迁与经济绩效[M]. 刘守英,译. 上海:上海三联书店,1994:79-84.

②王欢明,诸大建. 基于效率、回应性、公平的公共服务绩效评价:以上海市公共汽车交通的服务绩效为例[J]. 软科学,2010(7):1-5.

③陈诗一,张军. 中国地方政府财政支出效率研究:1978—2005[J]. 中国社会科学,2008(4):65-78.

④Johnsonn. Mixed Economicsof Welfare[M]. Hemel Hempstead:Prentice Hall International,2009:22-25.

⑤王丽芳. 日本养老服务评价制度及其对我国养老服务事业的启示[J]. 肇庆学院学报,2010,31(4):36-40.

价方面的研究成果较少,而且已有文献均是以政府购买居家养老服务效率为研究对象,构建投入产出指标,对政府购买居家养老服务技术效率进行评价。因此,本研究在这些成果基础上,以政府购买养老服务为研究对象,以武汉市机构养老为例,构建投入产出指标,评价政府购买机构养老服务效率,为政府资源优化公共配置和提高购买机构养老服务效率提供依据。

(六)机构养老服务的质量

学者们对服务质量的界定并不一致。徐金灿等(2002)结合国际标准化组织对质的界定把服务质量定义为满足消费者需要的特性的总和。Gronroos(1982)首先提出感知服务质量,主张服务质量在于顾客将服务期望与感知服务水平加以比较所产生的结果,后者超过前者表明服务质量较高。Parasuraman、Zeithaml 和 Berry(简称 PZB,1988)强调,服务质量由顾客评定。并且,PZB(1988)主张服务质量其实是消费者对某一实体的整体优越性的评价,是消费者所感知的服务水平和期望服务水平之间的差异。他们进一步提出服务质量的十个关键因素。随后,将其精简为五个维度:有形性(Tangibility)、可靠性(Reliability)、响应性(Responsiveness)、安全性(Assurance)和移情性(Empathy),并建立服务质量评价的 SERVQUAL 模型。Rust 和 Oliver(1994)基于技术和功能两方面提出了三成分模型,该模型采用三个维度:服务产品、服务传递和服务环境。三成分模型后来得到 Brady 和 Cronin(2001)的综合整理。Lijander 和 Strandvik(1995)提出的关系质量模型将服务过程分为活动(Activity)、情节(Episodes)和片段(Sequences)三个部分。美国运筹学家萨蒂(T.L.Saaty)于 20 世纪 70 年代提出的层次分析法(Analytic Hierarchy Process,AHP)被运用于服务质量评价。该方法的优点在于设定指标权重时比较定量化。模糊数学之父查德(L.A.Zadeh)教授(1965)提出的综合评价方法也被许多学者运用于服务质量评价。该方法针对模糊的、难以量化的问题,引入域的概念,具有系统性强、结果清晰的优点。层次分析法和综合评价方法在实际应用中,由于没有对评价指标的明确设定,无法全面反映出服务结果及过程中存在的问题。一些学者将 Weiner(1985)基于心理学视角提出的归因模式引入服务管理领域,但该方法在使用过程中暴露出缺陷:所需变量过多,操作复杂,缺乏实用性。在这些服务质量模型中,SERVQUAL模型得到普遍接受和运用。

对于机构养老服务质量评价,国外许多学者对此进行了比较系统的研究,并构建了各种评价体系。其中,使用最多的工具依然是SERVQUAL模型。Scardina(1994)和Lim、Kim(2000)将SERVQUAL作为工具评价机构护理服务质量,使养老机构管理者明确感知服务水平和期望服务水平的差距,进而清楚改进护理服务的方向。Curry和Stark(2000)使用SERVQUAL模型对养老院入住老人的期望值和感受值进行测量,并与老人亲属相应的期望值和感受值进行对比分析,为未来需要改进的潜在区域提供更准确的信息。他们还认为,对SERVQUAL加以仔细修正后对机构养老服务质量的评价具有很好适应性。Lapré(2013)在对养老机构入住老人及其家属进行半结构访谈基础上,运用SERVQUAL模型探讨养老机构服务质量,并构建了包含服务营销和服务质量维度的质量评价框架。此外,也有学者对机构养老服务质量影响因素进行分析。Helena等(2009)调查了纽约州162所养老机构的308名管理人员和7418名工作人员,采用多元回归模型进行分析,结果表明,养老机构的工作条件、管理方式和工作人员都是机构养老服务质量的相关因素。[1]

国内一些学者使用多种研究方法和模型对养老服务质量进行了研究。丁华、徐永德(2007)基于北京市社会办养老院入住老人生活状况和满意度调查数据,采用因子分析法对养老机构服务质量进行研究。高春兰、班娟(2013)依据服务指标下的入住、生活照料、饮食等七个子指标,调查民间养老机构的服务质量。孙文恒(2013)依据自行设计的养老服务倾向性和兴趣度模型,根据消费数据获得老人对养老服务质量的间接评价。李娟(2013)采用自编养老机构服务质量满意度调查量表,对南京市36家养老机构及入住老人进行调查研究,发现机构养老服务质量由硬件设施、经营管理、区位环境等客观因素和老年人个体差异、社会支持

---

[1] Saaty T L. The Analytic Hierarchy Process [M]. New York: Mc-Graw Hill, 1980.

程度等主观因素构成,并受到养老机构性质、老人文化程度、性别、婚姻状况、家人来访、养老金和医保、与朋友相处情形等因素的影响。梁祝昕、陈涛(2014)使用RATER分析法从硬件设施有形度、服务信赖度、专业度、照护人员同理度和服务反应度五个维度对民营养老机构服务质量加以研究。徐祖荣(2014)采用SWOT分析方法对杭州地区养老机构进行调查,结果发现养老机构存在功能不全、资金短缺、服务标准不规范及护理员数量不足等问题,并提出提高机构养老服务质量的相应对策。郭红艳等(2014)使用德尔菲法构建了机构养老服务质量三级评价指标体系。廖楚晖等(2014)采用模糊综合分析方法对中国一线城市社区居家养老服务质量进行评价。秦利、孙继祥(2016)采用同样方法对黑龙江伊春林区养老机构服务质量进行评价,并提出提高养老机构服务质量的对策。王成和丁社教(2018)基于层次分析方法构建政府购买居家养老服务质量评价体系。蔡中华等(2016)以吉林省吉林市社区养老服务为例,运用粗糙集方法对其质量加以评价,研究结果显示:社区养老服务评价的平均水平介于"一般"和"比较满意"之间;年龄较高者对养老服务质量的评价低于年龄较低者;养老建设试点小区的评分显著高于非试点小区。然而,大多数学者借鉴或采用SERVQUAL评价模型,对养老服务质量进行评价。章晓懿、刘帮成(2011)在SERVQUAL模型五个维度的基础上,以助洁、助餐、助医和康乐服务为子维度构建了社区居家养老服务质量模型。包国宪、刘红芹(2012)借鉴SERVQUAL模型,从有形性、可靠性、响应性、安全性和移情性五个维度对政府购买居家养老服务质量进行评价。丁彦琳(2017)使用SERVQUAL模型,以成都市中心城区35家社区微型养老机构实地调查数据为样本,评价其服务质量,并分析社区微型养老机构存在的服务质量问题及其原因。

可以看出,养老服务质量受到越来越多学者的关注,并有不少学者基于实地调查数据对养老服务质量进行实证研究。在研究对象上,既有关注居家养老服务质量,也有针对机构养老服务质量的研究。各位学者因为视角不同,所调查区域有差别,选择方法有差异,或者指标体系不一致,因而,研究结论也不尽相同。但是,在研究方法上,多数实证研究的学者直接采用SERVQUAL评价模型,或对其加以适当修正进行应用。SERVQUAL的提出,是服务质量评价领域迈出的重大一步。此后,很多学者和企业根据各行业的特点,对指标进行适当修正并加以广泛运用,成为适应性较强的质量测评工具。但是,SERVQUAL的局限性也很明显:SERVQUAL仅注重功能质量,而忽略技术质量;SERVQUAL重复测量了顾客的服务质量感知。而且,Babakus和Bollere(1991),Pitt、Oosthuizen和Morris(1992),Speng和Singh(1993),Soyoung和Byoungho(2001)等很多在实际运用时发现,SERVQUAL量表结构稳定性较差。针对这些问题,Cronin和Taylor(1992)对其进行了修正,提出了SERVPERF方法。SERVPERF基于服务绩效来度量顾客感知的服务质量,在应用方面比SERVQUAL方法简单,信度和效度一般也优于SERVQUAL。因此本研究采用SERVPERF方法对武汉市机构养老服务质量展开研究。

(七)国内外研究简评

对于政府购买养老服务等公共服务方面,国外研究起步较早,理论相对成熟,有多种绩效评估方法和实证研究方法可供借鉴,但国外的情况与我国实际不尽相同,需要结合我国实际进行创新。国内关于政府购买养老服务的研究,缺少结合我国实际的理论建构和深入的调查分析。关于政府购买养老服务绩效评价,少数学者尝试采用不同的模型和方法,构建出绩效评价指标体系,但大多未经过实证检验。国内关于机构养老的文献较多,但大多是研究机构养老方式的界定,机构养老的需求情况,机构养老的供给问题及相应对策。这些文献侧重于对养老机构的定性分析,鲜有实证研究和差异化分析。

三、研究思路、内容与方法

(一)研究思路和内容

本研究除导论外,主要研究思路和内容如下。

第一章在对养老机构、机构养老、政府购买养老服务等基本概念进行界定的基础上,阐述政府购买养老服务绩效评价的理论依据和绩效评价方法,为进一步研究提供理论基础。

第二章考察我国机构养老服务的发展历程和政府转变机构养老服务供给方式的缘由,并分析我国政府购买机构养老服务面临的风险和存在的问题。

第三章考察澳大利亚经验和英国的政府购买养老服务绩效评价指标体系及其特点,分析澳大利亚和英国的相关经验对我国政府购买养老服务绩效评价维度和框架的启示。

第四章比较组织绩效评估的三种评价模式,并基于结果导向型评价模式探讨政府购买机构养老服务绩效评价的构成元素,并确立政府购买机构养老服务的评价维度。在此基础上,从公平、效率、效果三个维度构建政府购买机构养老服务的评价指标体系。结合武汉市政府购买机构养老服务的实际,进行调研设计。

第五章采用泰尔指数和基尼系数对武汉市购买机构养老支出的财政补贴、直接投资这两种形式的公平程度进行研究。对武汉市购买机构养老支出在不同类型养老机构分布的公平程度进行度量和比较,根据泰尔指数和基尼系数的可分解性探讨公平程度差异的来源。

第六章从投入视角,运用数据包络分析(DEA)方法,采用C^2R模型和BC^2模型,对所抽选的武汉市六个区政府购买机构养老服务的综合技术效率、纯技术效率和规模效率加以分析和评价。在此基础上,对弱DEA有效决策单元和非DEA有效决策单元的改进展开探讨。

第七章对机构养老服务质量进行评价。对于机构养老,政府购买养老服务时并没有直接生产服务,而是通过养老机构这一传导机制提供给服务对象。因此,对政府购买养老服务效果必须通过对机构养老服务的质量评价来体现。使用SERVPERF评价法设计量表,采用因子分析法获得武汉市机构养老服务质量评价得分,并探讨政府购买机构养老服务支出对机构养老服务质量的影响。

第八章对政府购买机构养老支出的总体绩效进行评价,对本研究主要结论进行归纳,并提出相应的对策建议。研究思路和内容框架如图1所示。

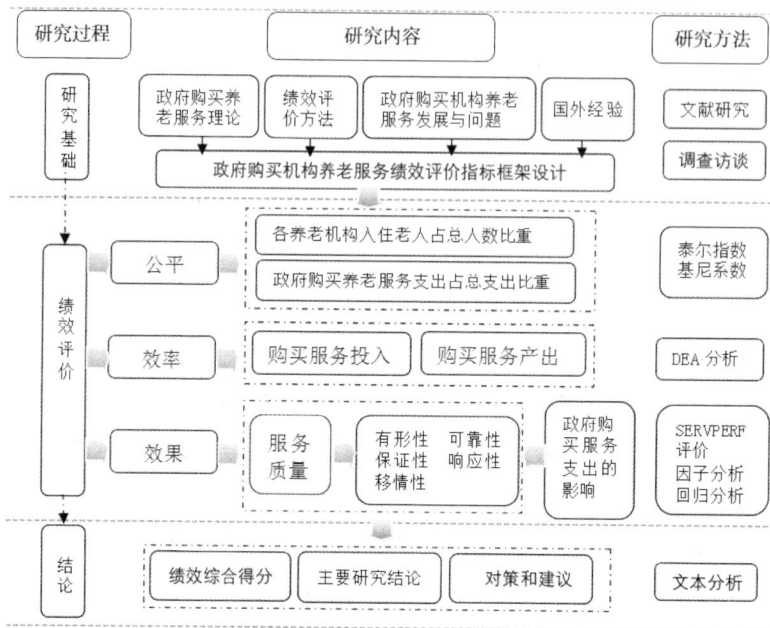

图1　研究思路和内容框架

（二）研究方法

1.资料收集方法

（1）访谈法。访谈法主要用于对武汉市民政局、养老机构以及入住老人进行访谈，以了解机构养老的服务对象的基本信息、服务方式、运行状况和服务内容等，为把握所研究的问题提供基础。

（2）问卷调查法。在文献分析和访谈的基础上，分别设计评价机构养老服务效率和机构养老服务质量的调查问卷。对于养老机构，主要获取养老机构基本信息、工作人员基本信息、入住老人基本信息、养老机构运营状况、养老机构服务能力等信息。对于养老机构入住老人，主要调查老年人对机构养老服务质量的感知情况。

2.分析方法

（1）泰尔指数法和基尼系数法。借鉴泰尔指数和基尼系数对武汉市政府购买机构养老支出的公平程度进行研究，并根据泰尔指数和基尼系数的可分解性探讨公平程度差异的来源。

（2）数据包络分析法。使用数据包络分析（DEA）方法中的投入角度的 C^2R 模型和 BC^2 模型，从投入和产出角度对武汉市政府购买机构养老服务的效率展开研究。

（3）SERVPERF 评价法和因子分析法。借鉴 SERVQUAL 模型的五个维度，采用 SERVPERF 评价法设计量表，直接测量养老机构入住老人所感知的服务水平，构建机构养老服务质量的指标体系。然后，根据所采集数据采用因子分析法对指标体系加以修正。依据因子分析法确定各指标权重，得到武汉市机构养老服务质量评价结果。

（4）回归分析法。结合武汉市机构养老服务质量评价得分，采用相关分析和回归分析探讨政府购买机构养老服务支出对机构养老服务质量的影响。

四、创新和不足之处

本研究的创新点主要在于：第一，完善了政府购买养老服务绩效评价指标体系。以武汉市机构养老为例，构建了政府购买机构养老服务绩效评价指标体系，与前人研究共同形成完整的政府购买养老服务绩效评价体系。第二，设计机构养老服务质量评价量表。基于感知服务质量理论，借鉴 SERVPERF 评价法，设计机构养老服务质量评价的调查量表，并结合武汉市机构养老服务的实际情况对量表进行优化，为实务工作者评价机构养老服务质量提供可操作的工具。第三，提出政府购买机构养老服务的投资方式向补贴方式转变。在研究武汉市机构养老服务质量时发现，政府直接投资对机构养老服务质量没有显著影响，而政府对养老机构的床位补贴和机构养老服务质量具有显著的正向影响，这为政府转变购买机构养老服务支出方式提供了依据。

本文存在一些不足：对于政府购买机构养老服务绩效评价指标的构建，仅基于自己的一孔之见，可能不够客观和合理。由于条件所限，所收集的入住老人的个体样本量偏小，可能导致不能客观反映武汉市政府购买机构养老服务的绩效。

第一章 核心概念的界定与理论基础

本章在对养老机构、机构养老、政府购买养老服务等基本概念进行界定的基础上,探讨政府购买养老服务绩效评价理论依据和绩效评价方法。

第一节 核心概念的界定

一、养老机构与机构养老

(一)养老机构

我国《养老机构管理办法》中,养老机构指依法办理登记,为老年人提供全日集中住宿和照料护理服务,床位数在10张以上的机构,强调了"依法办理登记"的机构。[①]2017年,养老院服务质量建设专项行动使用的《养老院服务质量大检查指南》中的"养老院"是养老机构的俗称。[②]养老机构是机构养老模式的载体,按照相关协议为入住老人提供生活照料、康复护理、精神慰藉、文化娱乐等服务。

按性质可将养老机构分为福利性、非营利性和营利性(高岩 等,2011)。按照所有制类型,可分为国办养老机构、集体办养老机构和民办养老机构三类。本研究根据武汉市政府购买机构养老服务的实际情况,

---

[①]中华人民共和国民政部.养老机构设立许可办法[EB/OL].(2013-06-30)[2017-02-07]. http://www. mca. gov. cn//article/gk/fg/shflhcssy/201507/20150700848516. shtml.

[②]中华人民共和国民政部.民政部等六部门印发关于开展养老院服务质量建设专项行动的通知(民发〔2017〕51号)[EB/OL].(2017-03-22)[2017-09-10]. http://www. mca.gov.cn/article/xw/mzyw/201703/20170300003819.shtml.

将武汉市养老机构分为公办公营、公办民营、民办公补、民办民营四种类型。[①]

（二）机构养老

《社会养老服务体系建设规划（2011—2015）年》提出，我国的社会养老服务体系主要包括居家养老、社区养老和机构养老。机构养老指通过政府资助、亲人资助或老年人自备资金，实现老人在专门集中对老年人提供综合性服务的机构中养老的模式。机构养老服务由社会提供，区别于来自子女、本人、亲属或者配偶供给的家庭养老。老人离开原有的居住地，集中居住，有别于居家养老（高岩 等，2011）。

《社会养老服务体系建设规划（2011—2015）年》要求，机构养老服务设施建设重点包括老年养护机构和其他养老机构两类。第一类主要面向失能老年人和半失能老年人，为其提供生活照料、康复护理、紧急救援等专门服务。第二类养老机构可结合自身特色，向各种类型的老年人集中提供生活照料等服务。老人接受机构养老这种统一的社会化养老模式，可获得生活照料、文化娱乐、专业化护理等服务。原来和子女一起生活的老人可避免耽搁子女工作和休息时间、因家庭琐事或观点不和发生冲突等问题，独居老人在养老机构中可消除孤独感，安享晚年。

二、政府购买养老服务

萨瓦斯（2002）提出，政府是公共服务安排者或提供者，可安排谁来生产公共服务，生产什么服务以及怎样实现对服务的监督。[②]Evans、Shields 等（2006）认为，社会组织并非仅在市场失灵或政府失灵时发挥补偿作用，其与政府是"协作关系"，根据政府所提供资源执行更为积极的使命。常江（2014）认为，政府购买服务即服务外包，政府基于合同关系将政府的某些职能让渡给民间机构，政府负责资金和监管。罗观翠（2008）认为，政府购买服务就是政府使用社会福利经费采取拨款、直接

---

①中华人民共和国民政部. 养老机构管理办法[EB/OL]. (2013-06-30)[2017-02-07]. http://www. mca. gov. cn/article/yw/shflhcssy/fgwj/201507/201507008502 65. shtml.
②萨瓦斯. 民营化与公私部门的伙伴关系[M]. 周志忍，等译. 北京：中国人民大学出版社，2002：19-23.

资助等形式与社会服务机构建立联系,让服务对象获得服务。

从2006年开始,国家先后提出"积极支持以公建民营、民办公助、政府补贴、购买服务等多种方式兴办养老服务业""采取公办民营、民办公助、政府购买服务、补助贴息等多种模式,引导和支持社会力量兴办各种养老服务设施"等意见。[1]此后,我国各地养老机构建设呈现承包、合营、租赁等多样化方式。2013年,国务院要求开展公办养老机构改制试点,政府投资兴办的养老床位逐渐向民营转变。[2]机构养老中的政府购买服务的方式与内容在这些相关文件中得到进一步明确(康蕊 等,2016)。

政府购买养老服务在机构养老领域表现为多种形式。詹颖、万志宏(2002)认为,公办民营养老机构的共同特征是所有权属于国家,政府提供全部或部分经费,养老机构提供机构养老服务。张迺英、王辰尧(2012)将政府购买养老服务形式分成公办民营、民办公助和公补民用,并认为民办公助和公补民用已成主流模式。胡薇(2014)分别从广义和狭义的视角对政府购买养老服务进行解释,她认为广义指公办民营、政府补贴两种形式,而狭义的仅仅指公办民营。公办养老机构须承担"三无"老人(指城镇居民中无劳动能力、无生活来源、无赡养人和抚养人,或者其赡养人和抚养人确无赡养或抚养能力的60周岁及以上老年人)和"五保"(保吃、保住、保穿、保医、保葬)老人的兜底,而对于其中能够自理的老人,可采取政府购买服务的方式,让他们到民办机构养老(青连斌,2015)。除了向养老机构提供资金支持以外,政府向进行设施设备建设的养老机构提供无息贷款,向养老机构实施税收优惠,都是政府购买养老服务合作机制的积极举措(康蕊 等,2016)。

对于机构养老,本研究所使用的"政府购买养老服务"是广义的,既包含公办民营、民办公补、公补民用(政府对民办民营类机构资助),也包

---

[1]中华人民共和国中央人民政府. 国务院办公厅关于印发社会养老服务体系建设规划(2011—2015年)的通知(国办发〔2011〕60号)[EB/OL]. (2011-12-27)[2017-02-07]. http://www.gov.cn/zwgk/2011-12/27/content_2030503.htm.

[2]中华人民共和国中央人民政府. 国务院关于加快发展养老服务业的若干意见(国发〔2013〕35号)[EB/OL]. (2013-09-13)[2017-02-07]. http://www.gov.cn/zwgk/2013-09-13/content_2487704.htm.

含政府对公办公营机构中向社会开放的养老床位所获政府资助。政府购买养老服务的主要方式可分为三类:政府直接投资、财政补贴(五保补贴、床位营运补贴、建设补贴、消防补贴、提档升级补贴等)、税费优惠。鉴于税费优惠的数据难以获得,所以本研究所使用的政府购买养老服务的支出主要是政府直接投资和财政补贴。

三、政府购买养老服务的绩效

绩效最初用于企业管理,指员工或组织的业绩。贝丁纳(1995)和凯恩(1996)等学者认为绩效是结果,而墨菲(1990)和坎贝尔(1993)则认为绩效是行为。[1]政府购买机构养老服务是政府供给公共资源、养老机构提供养老服务和入住老人接受服务的过程。购买的机构养老服务作为公共服务的一种,政府不仅要关注投入、产出的效率,还要关注公平性和服务对象满意度等效果。森宫胜子认为,购买公共服务评价的重点是效率评价和结果评价。[2]然而,分配公平是公共部门决策的一个特别突出的目标,就公共服务的绩效而言,效率、效益和公平是三个相互联系而不可或缺的评判标准(Mandell,1991)。萨瓦斯(2002)认为,购买公共服务是否有效取决于效率、效果和公平这三项最基本指标。因此,在机构养老领域,政府购买养老服务的绩效是一个综合概念,是指政府在购买养老服务过程中的资源配置的公平、产出效率和效果,具体包括政府购买养老服务资源配置的公平性、政府购买养老服务投入产出的效率和政府购买养老服务的效果。对于机构养老,政府购买养老服务时并没有直接生产服务,而是通过养老机构这一传导机制提供给服务对象。因此,政府购买机构养老服务效果必须通过机构养老服务的质量评价来体现。机构养老服务质量维度的评价可以弥补公平和效率维度评价的不足。政府购买养老服务的效果主要体现在机构养老服务接受者的感知服务质量上。服务质量反映了政府养老服务的供给能力。

---

[1]马作宽.组织绩效管理[M].北京:中国经济出版社,2009:7-8.
[2]王丽芳.日本养老服务评价制度及其对我国养老服务事业的启示[J].肇庆学院学报,2010,31(4):36-40.

第二节 政府购买养老服务的理论依据

一、新公共管理理论和新公共服务理论

自20世纪70年代以来,西方主要福利国家"福利病"显现,纷纷开始改革传统的福利模式,包括将市场机制引入养老服务。在此背景下,新公共管理理论应运而生。伯顿·韦斯布罗德(1975)认为,公共服务需求具有异质性,而政府提供公共服务决策由政治过程决定,遵循中位选民(Median Voter)原则,两者之间存在矛盾,从而为非营利组织的介入提供了功能需要。在亨利·汉斯顿(1980)看来,与营利机构相比,非营利机构的获利不能参与分配,非营利机构的这种"非分配约束"特征使其在提供公共服务方面具有优势。莱斯特·M.萨拉蒙(1981)认为,非营利机构因资源不足、非民主决策、难以吸引专业人士等,存在"志愿失灵"问题,需要政府的指导和支持,政府与非营利机构具有互补性。萨瓦斯(1987)认为,服务的提供、安排与生产有着明显的区别,政府可以通过合同承包、特许经营、补贴等多种方式向居民提供公共服务,实现公共服务的民营化,建立公私部门的伙伴关系。戴维·奥斯本和特德·盖布勒(1992)认为,可以将竞争机制引入公共服务,运用企业家精神对政府实施改革。自20世纪90年代以来,新公共管理理论因过度强调市场的作用而受到质疑,新公共服务理论兴起。珍妮特·V.登哈特和罗伯特·B.登哈特(2004)基于对过度强调市场作用的反思,提出政府的职能是服务而不是掌舵,公民权、公共服务比企业家精神重要,强调公共服务供给的多元化以及政府与私营部门、第三部门、公民个人的合作成为主流。新公共管理理论和新公共服务理论都为本研究提供了理论支撑。

二、利益相关者理论

利益相关者(Stakeholder)最初用以表示在活动中所下的赌注

(Stake)。[①]1963年,国际斯坦福研究所(原斯坦福研究中心)的内部论文将"利益相关者"界定为"没有他们的支持组织就不再存在的团体"。最早使用"利益相关者"的经济学家Igor Ansoff认为,企业要制定合理的目标,应综合考虑股东、管理人员、员工、供应商和消费者等利益相关者的索取权。系统理论研究者Ackoff主张,如果得到系统中利益相关者的支持,重新进行制度设计可使很多社会问题得到很好的解决。20世纪80年代,战略管理学者Freeman对利益相关者进行广义的经典界定,他认为,凡是能影响企业目标的实现或者受企业目标实现影响的群体或个人,均为利益相关者。[②]公共服务管理学家萨瓦斯把公共服务的参与主体分为安排者、生产者和消费者。公共选择理论针对公共服务供给,对"安排者"和"生产者"加以区别,并强调政府作为"安排者"并非等于它自己生产服务。

在机构养老服务中,政府购买养老服务的利益相关者就是在这一过程中的参与主体,即机构养老服务所涉及的供给者、生产者和消费者。这三种主体之间的关系如图1-1所示。作为"供给者"的政府供给服务可有多种选择,既自己生产也可让其他"生产者"生产,提供养老服务的养老机构即可成为政府购买机构养老服务的"生产者"。"消费者"是接受机构养老服务的入住老年人。三种主体互相联系,共同促进政府购买养老服务的发展。

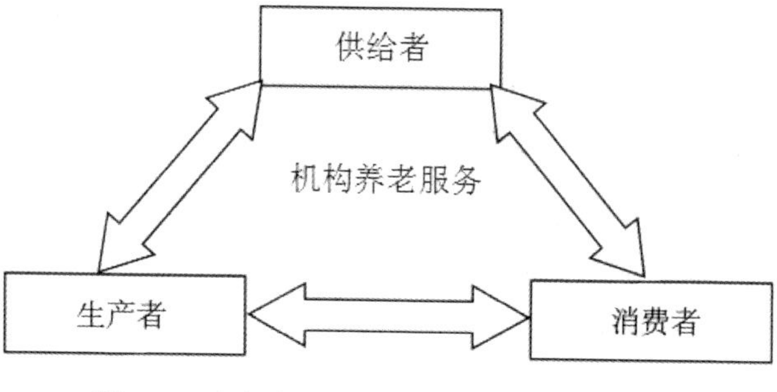

图1-1 政府购买机构养老服务的利益相关者

①贾生华,陈宏辉.利益相关者的界定方法述评[J].外国经济与管理,2002,24(5):13-18.
②丁宁宁.为了整个社会的尊严和稳定:澳大利亚养老保障体制考察报告[J].管理世界,2001(5):64-69.

三、公共品供给理论

Musgrave(1939)与Samuelson(1954)认为,鉴于公共品的非排他性和非竞争性,私人供给会带来效率或福利损失,因而,应由政府供给。机构养老服务的非排他性和非竞争性是不完全的,是一种准公共品,兼具私人产品和公共品的特征。因为机构养老服务具有利益外溢性,它所提供的一部分利益由其所有者享有,是可分的,其效益也是可以定价的,具有私人产品特征,但另一部分利益则被其他人享有,有不可分割性,具备公共品的特征。如入住老人通过享有机构养老服务提高老人的生活质量,这部分利益是可分的,但老人的生活质量的提高能让整个社会受益,这体现出公共品的特征。

机构养老服务的供给效率问题,如图1-2所示,曲线dd为机构养老服务购买者的边际效用曲线(需求曲线),曲线DD为社会的边际效用曲线,它们之间的垂直距离表示机构养老服务的边际外部效用。边际成本曲线为曲线SS(供给曲线),曲线DD与曲线SS的交点E_0对应的Q_0即为符合社会效率的产出水平,也是帕累托最优点。在该水平上,机构养老服务给整个社会带来的净效用达到最大化。

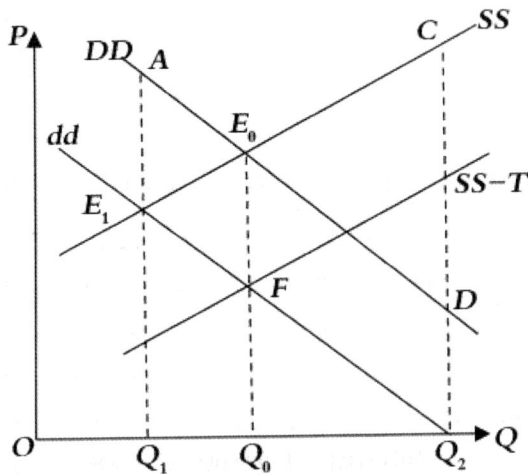

图1-2 机构养老服务供给效率

如果政府不采取政府购买方式,由市场化的私营养老机构提供养老服务,那么,这种完全市场化机制会因为机构养老服务准公共品的属性,带来效率损失。完全在市场机制条件下供给,入住老人会依据其能获得的最大利益水平来确定服务购买量。如图1-2所示,图中曲线dd与曲线SS的交点E_1对Q_1即为这部分购买量。从中可以看出,尽管购买者个人利益实现了最大化,但就整个社会而言,福利水平受到了损失,AE_1E_0即为损失量。

如果机构养老服务完全由政府免费提供给老人,个人支付价格为零,每个人都追求最多服务Q_2,则会出现公地悲剧。因为没有价格的约束,服务对象将争相抢用,尽情消费,直至边际效用为零,会造成E_0DC的效率损失。在这种条件下,个人和社会的边际效用都远低于产生的边际成本。

因此,鉴于机构养老服务的准公共品属性,单纯由政府或市场来提供机构养老服务都会造成效率损失。为避免完全在市场机制下的效率损失,政府应进行干预,对机构养老服务采取投资和补贴等方式进行政府购买,但同时要避免大包大揽。应实现政府和市场的有效结合。政府对机构养老服务提供实施投资和补贴,使边际成本曲线下降到$SS-T$,可以实现社会利益最大化的水平Q_0。E_0Q_0为机构养老服务的边际成本,其中,由政府负担E_0F部分,服务对象自己承担FQ_0。这样,政府购买机构养老服务就是一个有效的帕累托改进,有利于实现社会效用最大化(张迺英 等,2012)。

作为准公共品的机构养老服务的供给机制主要有政府供给和市场供给。市场供给机制是私营机构以营利为目的,根据市场需求,以收费方式提供产品或服务的机制。政府供给机制是在市场资源配置基础上,以公平为目的,以政府购买、税收优惠等方式提供的机制。一般而言,政府供给注重公平,而私营机构则看重效率(樊丽明 等,2006)。那么,在政府购买养老服务中,政府的公平目标能否得到实现,政府购买政策对机构养老服务质量是否有影响及其影响程度,正是本研究需要探讨的问题。

第三节 政府购买养老服务绩效评价的方法

一、公平:基尼系数法和泰尔指数法

在收入分配公平度的测度方面,使用最为广泛的基尼系数法和泰尔指数法各具优缺点。泰尔指数法优势在于可分解性,可得到不同层次和组别的公平性,但缺乏基尼系数那样对公平的判断标准。因此,本研究借鉴这两种方法,并加以综合运用,以发挥这两种方法的优势。本研究对武汉市 2016 年机构养老财政投入公平性加以分析,为政府部门在进行养老服务公共资源规划和配置时提供科学依据。

(一)基尼系数

基尼系数(Gini Coefficient)是 1943 年美国经济学家阿尔伯特·赫希曼根据洛伦兹曲线提出的反映分配公平程度的统计指标。基尼系数是根据洛伦兹曲线计算出来的,取值介于 0 与 1 之间。系数越趋近于 0,表示指标值分布越均匀,公平程度越高;越趋近于 1,表示指标值分布越不均匀,公平程度越低。按照国际一般标准:小于 0.2 表示高度平均;0.2 ~ 0.3 表示比较平均;0.3 ~ 0.4 表示相对合理;0.4 ~ 0.5 表示收入差距较大;0.5 以上表示收入悬殊。通常把 0.4 作为收入分配公平的警戒线,0.6 以上为收入高度不平均,表明该地区处于两极分化状态。

虽然基尼系数具有通用的公平性程度判断标准,但它是抽象的相对经济指标。它通过抽象掉各主体间的具体差异,概括地表现整体分配公平性程度,使一些原本难以比较的研究对象具备了可比性。但也因其概括性和抽象性,仅能从总体上概括抽象地反映整体分配的差异程度和公平性,难以衡量不同层次、不同组别的公平性。

(二)泰尔指数

泰尔指数(Theil Index)是由泰尔(Theil,1967)基于信息理论中的"熵"提出的,是广义熵指标体系的一种特例。泰尔指数的数值在 0 和 1

之间,数值越大,表示地区差异越大,公平性程度越低;数值越小,表示地区差异越小,公平性程度越高。泰尔指数能满足达尔顿-庇古转移支付准则以及人口和收入均质性等所有条件。而且,泰尔指数度量所得的整体差异可分解成组内差异和组间差异两部分,还可得到每部分对整体差异的贡献率,有利于更深入地分析差异来源。因而,在区域整体差异以及区域间差异的实证研究中得到广泛应用。本研究选择以老年人口比重为权重,因为以老年人口为权重,可更公平地衡量各区域在接受政府养老服务公共资源方面的公平性程度。

二、效率:数据包络分析方法

基于Farrell效率测度思想和度量理论,美国数学家Charnes和Cooper等人于1978年提出数据包络分析(DEA)方法,用以对多指标投入和产出的同类决策单元进行相对效率的综合评价。与随机前沿分析法等方法相比,DEA方法具有如下优势:不需要预设函数和人为设置权重,且能同时对多投入多产出加以研究。针对政府购买机构养老服务的特性,采用DEA方法对其效率进行评价,具有较好的适应性。同时,可避免主观赋权重值问题,凸显其客观性、科学性和实用性。

数据包络分析有 C^2R 模型和 BC^2 模型两个经典模型。C^2R 模型由Charnes、Cooper和Rhodes于1978年创立,假设在规模报酬固定(Constant Returns to Scale,CRS)的前提下,衡量决策单元的综合技术效率。[①]1984年Banker等人提出 BC^2 模型,放宽了 C^2R 的使用范围,引入规模报酬可变(Variable Returns to Scale,VRS)的条件,将规模效率从DEA中分离出来,衡量纯技术效率和规模效率。

图1-3直观地显示了DEA方法的基本原理。假定有 n 个决策单元($A,B,C,D,\cdots\cdots$),这些点不能处于效率曲线以上。每个点对应相应水平的投入 Xi 和产出 Yi。在不变规模报酬(CRS)下,效率前沿用直线 CF 表示,在 CF 上的决策单元 B 有效,其与原点夹角的正切值达到最大,为 Y_B / X_B,这时点 C、点 D 是低效率的,相对于点 B,点 D 使用了更多的投入 X_D,

---

①萨瓦斯. 民营化与公私部门的伙伴关系[M]. 周志忍,等译. 北京:中国人民大学出版社,2002:69-72.

但是却生产出更少的产出 Y_D。事实上，为了达到有效的生产，生产出 Y_D 只需要使用 X_F 的投入。因此，我们可以用 X_F / X_D 来衡量决策单元 D 基于投入角度的效率得分，该比值越接近于1，说明规模效率越高。而在可变规模报酬(VRS)下，效率前沿则穿过 B、C、E 三点，这时点 D 基于投入角度的技术效率则为 XE / XD，该比值越接近于1，说明技术效率越高。[①]在图1-3中，A 是规模有效，但不是技术有效；B 既是规模有效，又是技术有效；C 是技术有效，但不是规模有效；D 既不是规模有效，又不是技术有效。

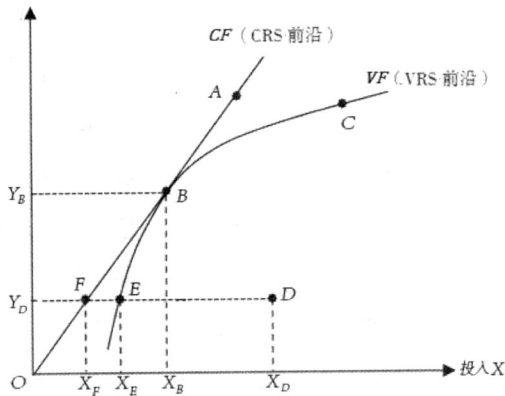

图1-3　DEA方法的基本原理

假设有 n 个决策单元(DMU)，每个决策单元都有 m 个投入指标和 s 个产出指标，其中 $x_j = (x_{1j}, x_{2j}, \cdots, x_{mj})^T \geq 0$，$y_j = (y_{1j}, y_{2j}, \cdots, y_{sj})^T \geq 0$，$x_{ij} =$ DMU$_j$ 对第 i 种输入的投入量，$y_{rj} =$ DMU$_j$ 对第 r 种输出的产出量($j = 1, 2, \cdots, n$；$i = 1, 2, \cdots, m$；$r = 1, 2, \cdots, s$)。为方便记 DMU$_{j0}$ 对应的投入、产出数据，分别记为 $x_0 = x_{0j}$，$y_0 = y_{0j}$，$1 \geqslant j_0 \geqslant n$。

三、质量：SERVPERF 方法和因子分析法

本研究借鉴 SERVQUAL 模型的五个维度，采用 SERVPERF 评价法来设计量表，直接测量养老机构入住老人所感知的服务水平，构建机构

---

①DEA技术的具体细节可参见 Cooper 等编著的教科书。Cooper W, Seiford L M, TONE K. Data Envelopment Analysis: A Comprehensive Text with Models, Application, References and DEA-Solver Software. 2nd ed. [M]. Boston: Kluwer Academic Publishers, 2000.

养老服务质量的指标体系。然后,根据所采集数据采用因子分析法对指标体系加以修正。最后,依据因子分析法确定各指标权重,并对武汉市政府购买机构养老服务的效果,即机构养老服务质量,展开进一步研究。

(一)SERVPERF方法

PZB在1988年基于顾客期望服务质量和接受服务后对服务质量的感知提出SERVQUAL模型评价方法。该模型中,存在有形性、可靠性、响应性、安全性、移情性五个维度。对顾客接受服务之前在这些指标上的期望值和顾客接受服务后在相应指标上的实际感受值分别进行测量之后,计算两种数值之间的差值,作为判断该服务的质量水平的依据。尽管SERVQUAL模型在质量评价方面得到广泛应用,但它也存在缺陷:SERVQUAL只注重功能质量,忽略了技术质量;SERVQUAL重复测量了顾客的服务质量感知。Babakus 和 Boller(1991)、Pitt 和 Oosthuizen 等(1992)、Speng 和 Singh(1993)、Soyoung 和 Byoungho(2001)等很多学者在实际运用时发现,SERVQUAL量表结构稳定性较差。

鉴于SERVQUAL模型的不足,Cronin 和 Taylor(1992)提出感知服务质量的度量方法,即SERVPERF模型。作为一种新的感知服务质量度量方法,SERVPERF是对SERVQUAL的继承与发展。一方面,SERVPERF沿用SERVQUAL的服务质量维度和测量指标,依旧使用SERVQUAL模型的五个质量评价维度。另一方面,SERVPERF模型摒弃了差异分析方法,删除了客户期望服务质量这一干扰量,直接度量消费者在接受服务过程中感知的服务质量,从而既不需要测量期望服务水平,又可避免SERVQUAL模型对期望界定不清的不足。许多研究表明,大多数情况下仅测量服务表现的效果优于测量期望和感知差距。在模型信度和效度方面,SERVPERF模型毫不逊于甚至优于SERVQUAL模型。整个衡量指标体系简单,模型应用非常简便。

(二)因子分析法

因子分析法的目的在于使用数量较少的相互独立的因子变量来反映原始变量的关键信息。其基本思想是根据原始变量的相关性将其分

组,同组变量间具有较高相关性,不同组变量间相关性较低。每组变量
代表一个基本结构,并用一个不可观测的公共因子表示。经过因子分析
提取的公共因子数量一般比原始数量少,但并非对原变量进行简单删
除,而是对原始变量结构的重新整理。从而,既能保证信息损失最小,又
能使各因子变量分类更清晰,更方便重新命名和解释,实现将众多相关、
重叠的信息进行综合,既减少工作量,也便于分析判定。因子变量是依
据原始变量的信息进行重新构建,而不是对原变量进行取舍,相对于主
观选择代表性因素或指标来评价,公共因子可公平、客观、科学地反映
原有变量的主要信息,保证在数据信息丢失最少的条件下,对高维空间
变量降维处理。设 $x_i(i, 1, 2, \cdots, p)$ 有 p 个变量,则可通过数学模型表
示为:

$$
\begin{cases}
x_1 = a_{11}F_1 + a_{12}F_2 + \cdots + a_{1m}F_m + a_1\varepsilon_1 \\
x_2 = a_{21}F_1 + a_{22}F_2 + \cdots + a_{2m}F_m + a_2\varepsilon_2 \\
\qquad\qquad\qquad \vdots \\
x_p = a_{p1}F_1 + a_{p2}F_2 + \cdots + a_{pm}F_m + a_p\varepsilon_p
\end{cases}
$$

因子分析法也可表示为矩阵形式:$X=AF+\mathrm{d}\varepsilon$。其中,$m \leqslant p$;$x_1$,
$x_2, \cdots, x_p$ 为 p 个原有变量;$F_1, F_2, \cdots, F_m$ 为 m 个因子变量或公共因子,互
不相关,方差为1;A 为因子载荷矩阵;a_{ij} 为因子载荷,是第 i 个原变量在
第 j 个因子变量上的负荷;表示原变量不能被因子变量所解释的部分,是
特殊因子,该因子满足:$\mathrm{cov}(F, \varepsilon) = 0$,即 F、ε 不相关;$\varepsilon_i \sim N(0, 2)$。由载
荷矩阵 A 的值可看出因子变量和原变量的关系,并可对因子变量加以重
新命名。

确定因子变量后,可以获得每一样本数据在不同因子上的数值,该
数值即因子得分。因子得分的高低表明评价指标的优劣。以旋转因子
的方差贡献率为权重,可建立函数关系。式中,F 为公共因子,为旋转平
方和的方差贡献率。

$$
F = \alpha_1 F_1 + \alpha_2 F_2 + \cdots + \alpha_m F_m
$$

第二章 政府购买机构养老服务的产生与发展

本章归纳了我国机构养老服务发展的三个阶段,考察了我国政府购买机构养老服务的发展过程,分析政府转变机构养老服务供给方式的目的及其实现,并探讨目前我国政府购买机构养老服务面临的风险和存在的问题,为进一步研究提供现实基础。

第一节 机构养老服务的发展和政府购买的产生

经济环境、政治环境和社会环境在不断变化,机构养老服务越来越受重视,机构养老服务的相关政策随着时代变迁也在不断完善。整体来看,我国机构养老服务的发展可分为三个阶段。这三个阶段反映了机构养老服务由社会救助式向福利化和产业式发展的过程。在这一过程中,机构养老服务方式的供给也由政府完全包办转变为鼓励政府购买。

一、社会救助式机构养老服务

中华人民共和国成立以后,中央政府组建了内务部(1969年撤销),并建立了从中央到地方的民政系统。这一时期,国家出台了《中华人民共和国宪法》(1954)、《中华人民共和国宪法》(1975),以及《高级农业生产合作社示范章程》《1956—1967年全国农业发展纲要》《关于人民公社若干问题的决议》等与机构养老服务相关的政策文件。其中,《中华人民共和国宪法》(1954)和《中华人民共和国宪法》(1975)都规定了中国公民在年老、疾病或丧失劳动能力时,有获得物质帮助的权利。《关于人民公社若干问题的决议》强调办好敬老院。

在这一阶段,国家对老龄化缺乏前瞻性的认识,对机构养老服务缺乏重视,也没有出台正式老龄政策,但是已经有了机构养老服务的实践:由政府举办敬老院。尽管这种机构养老服务的实践主体单一、服务内容简单、享受对象狭窄(仅为城镇"三无"老人与农村"五保"老人),主要发挥社会救助功能,但形成了机构养老服务的雏形。另外,这一时期国家从律法高度规定了国家承担的责任和老人拥有的权利,为后来机构养老服务的发展提供了法律依据。

二、福利社会化的机构养老服务

改革开放之后,我国经济、社会发生巨大变化,家庭小型化、家庭功能弱化和人口老龄化的趋势也日益明显,人口老龄化问题和机构养老服务开始受到政府重视。这一阶段国家出台的机构养老服务相关政策文件有《中共中央 国务院关于加快发展第三产业的决定》《老年人权益保障法》《民政事业发展制度规范其发展十年规划和"八五"计划纲要》《农村五保供养工作条例》《农村敬老院管理暂行办法》《中国老龄工作七年发展纲要(1994—2000)》等。在这一阶段,主要养老方式仍然是家庭养老。1996年颁布的《老年人权益保障法》规定:"老年人养老主要依靠家庭。"另外,机构养老服务逐步规范化,《农村敬老院管理暂行办法》对为"五保"老人和城镇"三无"老人提供养老服务的社会福利机构提出了明确要求。

这一阶段的机构养老服务最突出的特征是进行社会福利改革。自1983年的第八次全国民政会议开始,民政部多次主张社会福利社会办,建议调动多方力量举办社会福利事业,强调转变国家包办社会福利事业的体制,实行国家、社会、家庭相互结合的方式,扩大机构养老服务对象,实施有偿社会服务。《中国老龄工作七年发展纲要(1994—2000)》也对家庭养老与社会养老相结合的原则加以明确。

在这一阶段,国家提出了社会养老的方式,提出了家庭养老与社会养老相结合的原则,也对养老机构实施规范化管理。但养老机构主要提供供养型机构养老服务,照顾老人生活起居,服务内容有限。在福利社会化背景下,机构养老服务的对象得到扩大,包括离退休老人、家庭无暇照顾的老人。虽然这一阶段国家鼓励社会办养老机构提供服务,但并没有出台相应的优惠政策,也无资金扶持,政府购买机构养老服务并没有出现。①

三、福利化和产业式并存的机构养老服务

自从1999年我国进入老龄化社会之后,国家意识到机构养老服务在社会养老体系中的重要性。从2000年开始,国家密集出台了一系列与机构养老服务相关的政策,发布部门主要是中央政府、民政部和老龄部门。尤其是《养老机构设立许可办法》《养老机构管理办法》《国务院关于加快发展养老服务业的若干意见》《国民经济和社会发展第十二个五年规划纲要》《社会养老服务体系建设规划(2011—2015)》等政策出台,完善了机构养老服务制度,促进了机构养老服务发展。

这一阶段,机构养老服务得到快速发展。国家确定三大养老方式在社会养老体系中的定位。2000年,《关于加快实现社会福利社会化的意见》提出机构养老并将其定位为"补充"地位。随着家庭小型化、人口老龄化和空巢化的日益严重,政府意识到机构养老服务在应对这一趋势方面的特定优势和地位,因而,2011年《国民经济和社会发展第十二个五年规划纲要》将机构养老的功能定位由"补充"变成"支撑"。然而,2017年,《国务院关于印发"十三五"国家老龄事业发展和养老体系建设规划的通知》又将机构养老定位于补充作用。对机构养老服务在社会养老体系中的定位,出现了变化和反复的过程。这也说明,国家对社会养老体系的三大养老方式的定位也在不断摸索中。

在这一阶段,机构养老服务的政策逐渐形成体系。机构养老服务也由政府完全包办逐步转变到鼓励政府购买。机构养老的规范管理政策不断完善,国家先后出台了《社会福利机构管理暂行办法》《老年人社会福利机构基本规范》《养老机构管理办法》《养老机构设立许可办法》等政策。福利与产业化机构养老服务在这一时期得到共同发展,既重视公办养老机构的福利性,发挥其托底作用,又鼓励社会力量提供机构养老服务。财政部等相关部门加强合作,出台税收优惠、补贴支持等方面的政策支持社会力量从事机构养老服务,以满足不断增长的机构养老需求,

---

① 樊丽明,石绍宾. 公共品供给机制:作用边界变迁及影响因素[J]. 当代经济科学,2006(1):63-68.

政府购买机构养老服务在这一阶段开始出现并快速发展。

作为社会养老服务体系不可替代的部分,机构养老已经成为老年人接受养老服务的重要选项,在养老服务供给侧发挥着重要作用。然而,我国机构养老服务在发展过程中依然面临许多问题:机构养老功能定位不明确,效率不高,养老护理工作人员素质不高且流失严重,服务质量偏低等。这些问题对机构养老服务的发展产生制约,既需要养老机构加强管理,也需要国家政策引导和支持。

第二节 政府购买机构养老服务的发展

在机构养老服务中,政府购买养老服务在上述第三阶段开始出现。在第二阶段,虽然国家鼓励社会办养老机构提供服务,但并没有相对应的政策优惠、资金扶持等。2000年,《关于加快实现社会福利社会化意见》提出以民办公助形式,使用资金支持和资助社会力量兴办社会福利机构。此后,政策不断完善,政府购买机构养老服务的力度也越来越大,形式也逐渐呈现多样化。与政府购买机构养老服务相关的主要政策与内容如表2-1所示。①

2006年,《关于加快发展养老服务业的意见》提出了公建民营、民办公助、政府补贴等更多政府购买机构养老服务方式。2011年,《社会养老服务体系建设规划(2011—2015)》除了强调前面内容外,还首次提出中央设立专项补助投资和推进公办养老服务机构改革。同年,《中国老龄事业发展"十二五"规划》提出实施促进养老服务税收政策,落实优惠政策,加大财政投入,首次提出推进养老机构运营机制改革,鼓励社会力量参与公办养老机构建设和管理。2012年,《民政部关于鼓励和引导民间资本进入养老服务领域的实施意见》首次明确了民办养老机构接收安置政府供养对象,政府拨付相关费用。2013年,《民政部关于开展公办养老

①高岩,李玲. 机构养老服务研究文献综述[J]. 劳动保障世界(理论版),2011(7):47-49.

机构改革试点工作的通知》首次提出探索提供经营性服务的公办养老机构改制。2014年,财政部等四部委专门针对购买养老服务出台了《关于做好政府购买养老服务工作的通知》,进一步明确了政府购买机构养老服务的对象等内容。2015年,《关于进一步做好养老服务业发展有关工作的通知》提出要切实推广政府购买养老服务,逐步扩大购买范围,充分考虑小微企业发展现状,为其参与购买服务创造条件。2016年,《国务院办公厅关于全面放开养老服务市场提升养老服务质量的若干意见》鼓励公办养老机构实行服务外包,提出运行补贴根据情况合理发放,落实税费优惠政策,鼓励向各类养老机构购买服务。2017年,民政部等十三部门《关于加快推进养老服务业放管服改革的通知》提出,转变运营补贴发放方式,由"补砖头""补床头"向"补人头"转变,适当提高服务失能老年人的补贴,经营性养老机构应享受与公益性养老机构提供相同服务享有同等补贴,在一定程度上体现了政府的公平价值目标取向。同时,政府购买机构养老服务的效率和质量受到政府关注,开始重视质量评估。2017年,《国务院关于"十三五"印发国家老龄事业发展和养老体系建设规划的通知》提出,推动养老机构提质增效,并重视机构养老服务质量的第三方评估。

表2-1　政府购买机构养老服务的相关政策和主要内容

发布年份	发布部门	政策名称	与政府购买机构养老服务相关的主要内容
2000	国务院办公厅	国务院办公厅转发民政部等部门关于加快实现社会福利社会化意见的通知	国家倡导资助社会力量从事社会福利事业;通过民办公助方式,支持和资助社会力量办养老机构,提供养老服务
2006	国务院办公厅	关于加快发展养老服务业的意见	建立养老服务业准入制度,支持公建民营、民办公助、政府补贴、购买服务等方式办养老服务业
2011	国务院办公厅	国务院办公厅关于印发社会养老服务体系建设规划(2011—2015)的通知	采取公建民营、民办公助、政府购买服务、补贴贴息等多种模式;支持社会组织兴办或运营公益性养老机构;中央设立专项补助投资;推进公办养老服务机构改革
2011	国务院	国务院关于印发中国老龄事业发展"十二五"规划的通知	实施促进养老服务税收政策;加大财政投入力度,推进养老机构运营机制改革;落实优惠政策,鼓励社会力量参与公办养老机构建设和运行管理

发布年份	发布部门	政策名称	与政府购买机构养老服务相关的主要内容
2012	民政部	民政部关于鼓励和引导民间资本进入养老服务领域的实施意见	安排中央专项补助资金支持社会养老服务体系建设;民办养老机构接收安置政府供养对象,政府拨付相关费用;对民办非营利性养老机构给予一定建设补贴或运营补贴;免营业税;提倡民间资本运营或管理政府办养老机构或服务设施
2013	国务院	国务院关于加快发展养老服务业的若干意见	开展公办养老机构改制试点;完善土地供应政策、税费优惠政策、补贴支持政策;推进民办公助;采用补助投资、贷款贴息、运营补贴、购买服务等方式,支持社会力量提供养老服务
2013	民政部	民政部关于开展公办养老机构改革试点工作的通知	通过运营补贴、购买服务等方式,支持公建民营机构发展;探索提供经营性服务的公办养老机构改制
2013	民政部办公厅、发展改革委办公厅	民政部办公厅、发展改革委办公厅关于开展养老服务业综合改革试点工作的通知	推进公办机构改制或公建民营;加大财政投入、土地供应、税费优惠;加大政府购买养老服务力度;完善高龄津贴、养老服务补贴、护理补贴政策;要求制定建设补贴、运营补贴等扶持政策
2014	财政部等部委	关于做好政府购买养老服务工作的通知	主要为"三无"老人、低收入老人、经济困难的失能或半失能老人购买机构供养、护理服务
2015	发展改革委办公厅、民政部	发展改革委办公厅、民政部关于规范养老机构服务收费管理促进养老服务业健康发展的指导意见	鼓励政府通过向民办养老机构购买服务的方式承担养老服务;落实国家规定的价格和收费优惠政策
2015	民政部、发展改革委等十部委	关于鼓励民间资本参与养老服务业发展的实施意见	落实税费优惠;鼓励将国办养老机构交由社会力量运营;建立专门为社会提供经营性服务的公办养老机构转制为企业或社会组织的试点;通过政府购买服务的方式支持民办养老机构
2015	发展改革委办公厅等	关于进一步做好养老服务业发展有关工作的通知	支持社会资本进入;推广政府购买养老服务,逐步扩大购买范围;为小微企业参与购买服务创造条件
2016	国务院办公厅	国务院办公厅关于全面放开养老服务市场提升养老服务质量的若干意见	推进具备条件的公办养老机构转制成企业或开展公建民营;鼓励公办养老机构实行服务外包;运行补贴根据情况合理发放;落实税费优惠政策;鼓励向各类养老机构购买服务
2017	民政部、发展改革委等十三部门	关于加快推进养老服务业放管服改革的通知	转变运营补贴发放方式,"补砖头""补床头"向"补人头"转变;适当提高服务失能老年人的补贴标准;提供相同服务的经营性养老机构享受和公益性养老机构同等补贴

续表

发布年份	发布部门	政策名称	与政府购买机构养老服务相关的主要内容
2017	国务院	国务院关于印发"十三五"国家老龄事业发展和养老体系建设规划的通知	推动养老机构提质增效,公办向公办民营转变,放管服,分类管理,引入质量第三方评估

(资料来源:国务院、民政部、全国老龄办等官方网站)

第三节 政府购买机构养老服务面临的风险与问题

一、降低机构养老服务供给效率和质量的风险

政府机构养老服务的主要目的是希望借助社会力量增加养老服务供给的效率和质量。国外许多实践经验也证明了这一点。但是,就我国而言,政府机构养老服务尚在起步和摸索阶段,对机构养老的定位一直在摇摆之中。如果政府和市场尚未做好相应调整,缺乏适应性,那么,政府购买养老服务的方式并不能提高机构养老服务供给效率和服务质量,甚至可能使机构养老服务供给效率和服务质量降低(周翠萍,2010)。我国正处于社会转型期,虽然政府大包大揽的情形已被突破,但社会化养老市场还在起步阶段,尚不成熟。契约观念和政府购买养老服务等观念尚未得到广泛认知。一些相关政府工作人员难以准确定位自身在政府购买养老服务中的角色,市场管理能力和参与能力需要提高。另外,一些公办养老机构习惯了政府"兜底"体制,缺乏参与市场竞争的意识。这些问题均可能导致政府机构养老服务的主要目的无法达到。正是基于这一点,本研究根据调研数据,运用实证方法对政府购买机构养老服务的绩效进行研究,一方面验证政府购买机构养老服务的实践效果;另一方面,提出一些改进建议以供实务工作者参考。

二、缺乏统一规范的绩效评价指标体系

《老年人权益保障法》等法律政策提出建立健全养老服务评估制度，财政部等四部委《关于做好政府购买养老服务工作的通知》（财社〔2014〕105号）也对政府购买养老服务绩效评价体系提出指导性意见，但是并没有提出统一可行的绩效评价框架。各地方政府对政府购买养老服务绩效评价的规定也非常笼统。例如，河南省财政厅等四部门《关于做好政府购买养老服务工作的指导意见》（豫财社〔2015〕201号）的内容和财社〔2014〕105号内容较为一致，但在绩效指标体系建立方面甚至不如后者详尽。某些市级政府在政府购买养老服务绩效评价体系和指标建立方面有规范性文件，但构建的绩效评价指标各不相同，相互之间没有可比性。以中部相邻的湖北、安徽两省的省会城市武汉、合肥为例进行比较，结果如表2-2所示。

表2-2　合肥市与武汉市的政府购买养老服务绩效评价的比较

市	政策依据	评价主体	评价对象	评价指标
合肥市	《合肥市政府购买居家养老服务实施方案》（合老龄办〔2013〕8号）	市民政局、市老龄办应适时组织专人或第三方	居家养老服务实体的服务质量	老年人满意率、服务时间准确率、服务项目完成率、有效投诉结案率、服务档案的完善
合肥市	《合肥市政府购买居家养老服务实施方案》（合民〔2017〕136号）	市民政局、财政局确定的独立的第三方监理机构	服务机构	以服务对象满意度为基础综合评价
合肥市	《合肥市社会养老服务体系建设绩效评价暂行办法》（合民〔2015〕360号）	市民政局、财政局组成绩效评价工作领导小组	县级民政、财政部门社会养老服务体系建设绩效	定量指标：目标任务、资金管理、实施效果 定性指标：制度建设、管理规范
武汉市	《武汉市政府购买社会工作服务实施办法（试行）》（武民政〔2013〕67号）	购买方、服务对象及第三方	已完成项目的结项验收	项目管理、服务成效、经费使用
武汉市	《武汉市政府购买社会工作服务项目评估实施办法》（武民政〔2016〕19号）	购买方组织评估团队或委托第三方评估	政府购买社会工作服务项目	目标实现程度、满意度、服务支持体系以及社会效益

（资料来源：根据合肥市民政局网站和武汉市民政局网站相关内容整理）

从表2-2可以看出,对于政府购买养老服务绩效评价,合肥市和武汉市都有相应的文件依据,评价主体中都提到第三方评估,但评价对象不尽相同,合肥市注重服务质量的评价,而武汉市注重对项目的整体评价,因而具体评价指标有很大差异,不具有横向可比性。合肥市和武汉市前后出台的针对相同规范对象文件对评价指标的规定也不一致,不具备纵向可比性。我国过去开展的政府绩效评估,无论是普适性政府机关绩效评估,还是行业的组织绩效评估,各地、各行业都有自己的评估指标和模式,导致各地之间无法比较,而且这样的评估不统一、不规范,很难保证结果的真实可靠性(范柏乃 等,2006)。

三、缺乏第三方监督评估机制

中国政府对养老服务逐渐重视,制度的顶层设计不断完善。一系列法规相继出台,而且,财政部等四部委《关于做好政府购买养老服务工作的通知》(财社〔2014〕105号)对政府购买养老服务做了更详细的规定,提出要加强绩效评价,形成综合评审机制。然而,政府许多政策文件虽然提到将第三方纳入政府购买服务绩效评价中,但通常规定比较笼统,没有建立起规范的第三方监督评估机制。在实践操作中,各地做法各有不同,大多流于形式。对于政府购买机构养老服务的效果进行评价,我国尚未建立起独立的第三方监督评估机制,大多由政府部门承担监督管理和评估工作,有时很难达到监督与评估的目的。对政府购买机构养老服务不仅难以客观有效地评价,而且在实施政策的过程中容易滋生腐败。

第三章 澳大利亚和英国购买养老服务绩效评价及启示

澳大利亚和英国是世界上建立社会福利制度较早的国家,在政府购买养老服务及其评价方面,制度成熟而完善,实践效果理想。许多国内学者对澳大利亚和英国的养老服务进行研究,并探讨对我国的启示,但是大多局限于对其养老服务模式的介绍,对于政府购买养老服务绩效评价的论述则不多。本章对这两个国家的政府购买机构养老服务评价体系及其特点进行分析,并探讨澳大利亚经验和英国经验对政府购买养老服务的绩效评价维度和框架的启示。

第一节 澳大利亚政府购买养老服务绩效评价

澳大利亚是世界上建立社会福利制度较早的国家之一,澳大利亚政府主要政策导向是向全体澳大利亚公民提供公平的、高质量的各种照护服务,其福利制度的完整性、公平性和优越性在世界各国中名列前茅(乌丹星,2012)。1994年,世界银行在《世界银行发展报告》中提倡的"三支柱"养老保障体系,将澳大利亚的养老保障体系作为成功案例。

一、政府购买的养老服务

澳大利亚政府购买的养老服务基于弱势老人或残疾老人,主要包括信息和评估服务(Information and Assessment Services)、居家养老服务(Home Care and Support Services)、机构养老服务(Residential Care Services)和灵活养老服务(Flexible Care Services)。政府购买养老服务的类型、政策目标、项目和规模如表3-1所示。

表3-1　澳大利亚政府购买养老服务的类型、政策目标、项目和规模

类型	政策目标	项目	2014—2015年全国规模
信息和评估服务	向老人及其家人、照护人员提供信息,确保需要养老照护者了解信息并能得到适宜的服务	"My Aged Care"网站信息服务;由老年照护评估团队（Aged Care Assement Team, ACAT）或维多利亚养老评估服务提供全面评估服务	信息服务遍布216 140个信息项目;服务评估类型有179 200项
居家养老服务	向老人提供照护和帮助其尽可能保持或恢复到居家独立生活,或者向照护人员提供支持	居家和社区服务（Home and Community Care Programe, HACC）;居家照护（Home Care）	使用HACC和家庭照护服务的老年客户比例分别为222.6%和23.7%
机构养老服务	为无力继续在家独立生活的老人提供住宿;提供永久性和临时性的照护	住宿、支持服务（清洁、洗涤和餐饮）和个人照护服务;护理照料、控便帮助、基本医疗和配药、治疗服务	永久性照护的老年客户数量为224 115人,临时性的为51 411人
灵活养老服务	满足照护接受者主流养老服务之外的各方面需求	过渡照护服务;多目标服务项目（MPS）	4 000个运营处所的过渡性照护客户有24 009人,平均居留时长为60天（8.5周）;3 545个MPS项目运行场所

（资料来源：根据 Australian Government Department of Health[Aged Care Assessment Program]网站和 Australian Government Productivity Commission[Aged care services]网站相关内容整理）

二、政府的角色与责任

政府购买养老服务的资金、制度供给和政策监管角色主要由澳大利亚政府承担。

《1997年养老照护法案》（Aged Care Act 1997）及相应的养老照护制度是构建养老服务框架的主要制度工具,所涉及的主要条款包括服务规划、使用者权利、照护的资格条件、资金、质量保证和责任等。在2013年,一系列《1997年养老照护法案》修订议案得以通过,成为实施养老照护体系重大改革的依据。[①]

(一)养老服务资金的提供

政府购买养老服务的资金大部分(约95%)由澳大利亚联邦政府提

①关信平. 当前我国社会保障制度公平性分析[J]. 苏州大学学报（社会科学版）,2013（3）:1-9.

供。此外,州、领地政府也提供了资金,维多利亚政府和西澳大利亚政府在辖区联合资助了HACC服务,其他州和领地政府资助了居家养老服务、机构养老服务场所。州政府还为机构养老服务机构提供支出补贴。客户和居民缴费、报酬支付是资金其他来源。此外,还有一些慈善渠道的捐赠。

(二)养老服务的供给

州、领地及地方政府资助并且(或者)提供一些老年照护服务。州和领地政府主要涉及一些机构养老服务和居家养老服务的提供、养老服务评估小组的日常运行和管理、过渡照护和多目标服务项目。在维多利亚州和西澳大利亚州,州政府和澳大利亚政府对HACC服务进行联合管理和(或)资助,养老服务主要由非政府组织提供。

(三)政府购买养老服务的监督和绩效评价

在澳大利亚政府购买养老服务中,政府有专门组织机构对政府提供的公共服务加以监督和绩效评价。在澳大利亚政府理事会(The Council of Australian Government,COAG)的支持和监管下,由生产力委员会(Productive Commission,PC)领导人负责的政府服务评价督导委员会(Steering Committee for the Review of Government Service Provision,SCRGSP)来监督和领导政府购买养老服务的绩效评价。SCRGSP制定评估指标的整体框架并召集评估工作小组,评估工作小组在绩效评估指标框架下开发具体绩效评估指标并开展具体评价操作工作。

三、政府购买养老服务绩效指标的框架

政府购买养老服务绩效评价指标的框架基于养老服务的通常目标。养老服务的目标是通过资助和服务供给提高老人的健康水平和独立能力。这些服务具有可及性、需求适宜性、高质量、高效率和以人为本的特点。澳大利亚联邦政府、州和领地政府基于《全国健康照护协议》(National Healthcare Agreement)提出的"澳大利亚老人接受适宜的、高质量的、可承担的健康养老照护服务"规定了长期养老照护服务目标。养老服务必须与长期养老照护目标保持一致。

基于这样的目标,形成了政府购买养老服务绩效评价指标的框架。

该框架提供了公平、效率和效果的信息,并区分养老服务的投入和产出。该绩效指标框架如图3-1所示。

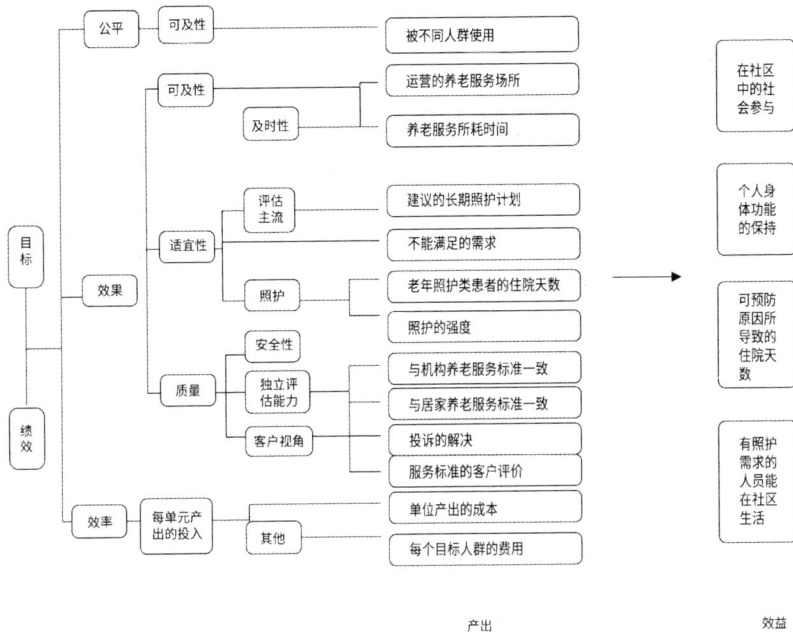

图3-1 澳大利亚政府购买养老服务绩效评价指标的框架

(资料来源:根据 Australian Government Department of Health[Aged Care Assessment Program]网站和 Australian Government Productivity Commission[Aged care services]网站相关内容整理)

四、政府购买养老服务绩效评价关键指标的度量及政策目标

提供养老服务的环境、位置和客户类型可能会影响养老服务的效果和效率。

(一)"公平"的度量及政策目标

"公平"(Equity)通过可及性(Access)进行衡量,具体采用"被不同人群使用"这一指标加以度量。"被不同人群使用"是向所有人(尤其是特殊需求者)提供公平、可及的养老服务的一项政府目标指标,具体的度量维度及政策目标如表3-2所示。

表3-2 "公平"的度量维度及政策目标

一级指标	二级指标	三级指标	测量维度	维度含义	政策目标
公平	可及性	被不同人群使用	特殊需求群体老年照护服务的可及性	特殊需求群体的服务客户的比例与该特殊的需求群体占养老服务目标人口的比例进行比较	二者比例大体相当
			经济困难使用者的机构养老服务可及性	所有被分为特许的、辅助性的、支持性的或低水平的居民的永久性居民照护天数的比例	永久性居住照护天数的比例等于或高于最小值

（资料来源：根据 Australian Government Department of Health[Aged Care Assessment Program]网站和 Australian Government Productivity Commission[Aged care services] 网站相关内容整理）

（二）"效果"的度量及政策目标

效果（Effectiveness）这一指标分为"可及性""适宜性"和"质量"三个二级指标，具体度量维度及政策目标如表3-3所示。

表3-3 "效果"的度量维度及政策目标

一级指标	二级指标	三级指标	测量维度	政策目标
效果	可及性	运营的养老服务处所	每1 000名养老照护规划人口所拥有的运营场所数量	各州、领地之间或各地区之间提供的比例相近
		养老服务所耗时间	得到ACAT批准后最近三个月内获得机构养老人群比例	人们等待接受养老服务所耗费时间最小化；得到ACAT批准后最近三个月内获得机构养老或居家养老比例高
			得到ACAT批准后最近三个月内获得居家养老人群比例	
	适宜性	建议的长期照护计划	建议在社区（或住宅其他社区）居住的ACAT客户的比例	被建议保持在社区生活的比例高或者增长（假定这是适宜的）
		未满足的需求	日常活动需要帮助的老人的支持服务要求未得到满足的程度	较低的需求未满足率
效果	适宜性	养老照护类患者的住院天数	在公立医院分居时长35天及以上的完全获得养老照护类患者的比例	"35天及以上"的医院居留期的比例较低或者下降，以及等待机构养老人群所使用患者天数的比例较低或者下降
			等待机构养老的患者住院天数比例	

一级指标	二级指标	三级指标	测量维度	政策目标
		照护的强度	未被定义,缺乏相关数据	政府实现提供适宜客户需求的灵活服务的发展性指标
		与机构养老服务标准的一致性	同一财务年度内曾受到三年期限委托的机构得到再次委托占所有再次委托服务的比例	"三年期限"在委托机构比例高或者增长
		与居家养老服务标准的一致性	满足预期效益的居家养老服务审查的比例	比例较高或者增长
	质量	投诉处理	养老照护投诉组织收到职责范围内投诉的数量	收到的投诉率低或者下降,自主解决投诉的比例高
			自主解决投诉的比例	
		服务标准的客户评估	未被定义缺乏相关数据	政府确保客户对养老服务的满意度高

（资料来源：根据 Australian Government Department of Health[Aged Care Assessment Program]网站和 Australian Government Productivity Commission[Aged care services]网站相关内容整理）

基于《1997年养老照护法案》,澳大利亚所提供服务的规划框架致力于保持运营的养老服务处所的增长和老年人口增长一致,从而保证整个澳大利亚养老服务(包括低需求水平人群和农村及偏远地区人群的服务)的均衡。

"养老服务所耗时间"使用"所耗时间"而不是"等待时间"作为测量值,因为获得ACAT批准到获得机构养老或者居家养老这段时期受到多种因素影响而不是耗费"等待"时间。例如,客户不愿立即接受照护而选择晚些时候接受等情况。

"未满足的需求"是保障养老服务的分配能满足客户需求的政府目标的一项指标。个体需求水平的界定和决定是复杂的,对人群的需求水平就更加复杂。对于需求及未满足的需求的判断经常是主观的。

"与机构养老服务标准的一致性"保证了机构照护服务满足服务质量的最低接受水平。三年是能够接受再次委托的最长期限。如果一项服务得到该期限的再次委托,则意味着比那些较短期限的再次委托的服务质量要高。"与居家养老服务标准的一致性"用以确保居家养老服务项目提供最低水平的服务质量。

"照护的强度"被认为是政府实现提供满足客户需求的灵活服务目标的发展性指标。"服务标准的客户评估"是政府确保客户对养老服务高满意度目标的一项指标。这两项指标有待界定,且数据缺乏。

(三)"效率"的度量及政策目标

效率(Efficiency)通过"单元产出的投入"这一二级指标进行衡量,具体度量维度及政策目标如表3-4所示。

表3-4 "效率"的度量维度及政策目标

一级指标	二级指标	三级指标	度量维度	政策目标
效率	单元产出的投入	单位产出成本	澳大利亚政府每项ACAT评估费用	单位成本低或者下降可以反映出效率提高,也可能反映出质量下降(如花在客户上的时间较少)
			HACC项目每小时服务费用	
		每位养老服务目标人口的费用	每位老年服务目标人口关于居家养老、机构养老和灵活服务的费用	每个人费用低或者下降可以反映出效率提高或者服务水平下降

(资料来源:根据 Australian Government Department of Health[Aged Care Assessment Program]网站和 Australian Government Productivity Commission[Aged care services]网站相关内容整理)

(四)"产出"的度量及政策目标

产出(Outputs)是指所提供的服务,而效益(Outcomes)是这些服务对个体或群体状态所产生的影响。产出信息对于公平的、有效率的、有效果的政府服务管理也很重要。产出的度量体现在政府购买养老服务的"公平""效率"和"质量"指标的具体度量之中。

(五)"效益"的度量及政策目标

效益(Outcomes)这一指标分为四个二级指标,具体的度量维度及政策目标如表3-5所示。

表3-5 "效益"的度量维度及政策目标

一级指标	二级指标	度量维度	政策目标
效益	社区中的社会参与	最近三个月外出参与过社会活动或社区活动的老年人比例	鼓励老人健康和独立,社区社会参与比例高或者增长
		最近一周、一个月或三个月和未居住一起的家庭成员或朋友进行面对面接触的老人比例	
		没有离开过家或尽可能不离开家的老年人比例	
	个人身体功能保持	进入和退出过渡照护项目(Transition Care Programme,TCP)时平均巴氏指数(Modified Barthel Index,MBI)分值的差异	进入和退出项目的MBI平均分值增长
	因可预防原因离开养老机构去医院的天数	该指标发展成政府提供安全的高质量机构养老服务目标的一项指标,有待界定	比例低或者下降
	使有照护需求人群能生活在社区	使得照护需求能在社区得到满足的人群延缓进入养老机构,有待界定	使有照护需求人保持或参与社区活动的比例高或增长

(资料来源:根据 Australian Government Department of Health[Aged Care Assessment Program]网站和 Australian Government Productivity Commission[Aged care services]网站相关内容整理)

"社区中的社会参与"是政府鼓励老人健康和独立目标的一项指标。"个人身体功能保持"是政府提高老人健康、福利和独立能力的养老照护服务目标的一项指标。过渡照护项目(TCP)客户身体功能水平的提高通过进入和退出TCP时的平均巴氏指数(MBI)的分值差异来反映。巴氏指数(MBI)是日常生活活动功能的测量方法,取值从0(完全依赖)到100(完全独立)。"因可预防原因离开养老机构去医院的天数"发展成政府提供安全的高质量机构养老服务目标的一项指标,指标有待界定。"使有照护需求人群能生活在社区"是使得照护需求能在社区得到满足的人群延缓进入养老机构,该指标有待界定,如果这项指标得到发展,会显示延缓老人进入养老机构的程度。

五、政府购买养老服务绩效评价的特点

澳大利亚对于政府购买养老服务的评价由政府部门主导。《1997年养老照护法案》为养老服务的供给和评价提供了法律依据和制度框架，其中包括养老服务机构的准入标准、服务规范和质量控制标准。2013年6月28日，澳大利亚政府通过了一系列修正《养老照护法案》的议案，实施全国老年照护改革。这些年，照护改革分三个阶段实施。与澳大利亚政府购买养老服务改革相适应，政府的公共服务绩效评价报告指出政府购买养老服务绩效评价指标不成熟之处，并将这些不成熟之处作为优先完善的方向。现行的澳大利亚政府购买养老服务的绩效评价指标体系对本研究构建政府购买机构养老服务绩效评价体系框架具有一定的启示作用和借鉴意义。

（一）政府目标作为绩效评价指标框架起点

澳大利亚政府、州和领地政府基于《全国健康照护协议》（*National Healthcare Agreement*）提出的"澳大利亚老人接受高质量的可承担的健康和养老照护服务"（COAG，2009）规定了长期养老照护目标，政府购买养老服务目标必须与此保持一致。绩效评价工作小组是在现有的政府政策框架下依据绩效理论整合服务评价指标，形成可行评价指标体系并不断修改完善，不考虑政策制定。绩效评价的目的是让议会、政府、服务提供者和民众了解养老服务的绩效，从而促进政府持续提升绩效。

（二）绩效评价指标框架整体设计基于3E原则

萨瓦斯（2002）认为，衡量合同外包是否有效，最基本的三项指标是公平（Equity）、效率（Efficiency）和效果（Effectiveness）。[①]对于公共服务的绩效来说，公平、效率和效果是三个相互联系而不可或缺的评判标准（刘红芹 等，2012）。澳大利亚对政府购买养老服务的绩效评价所采用的绩效指标，正是基于这三个原则，从公平、效率和效果这三个维度设计绩效评价指标框架。使用这样的指标既可降低成本，又便于执行，也易于公众理解和接受。因此，本研究绩效评价框架借鉴澳大利亚框架设计，将资源配置的公平性、政府购买养老服务效率和机构养老服务质量作为评价维度。政府购买养老服务的绩效是一个综合概念，是指政府在购买养老服

---

①萨瓦斯. 民营化与公私部门的伙伴关系[M]. 周志忍，等译. 北京：中国人民大学出版社，2002：9.

务过程中的资源配置的公平性、产出效率和效果,具体包括政府购买机构养老服务资源配置的公平性、政府购买机构养老服务投入产出的效率和政府购买机构养老服务的效果。效果对服务接受者而言,就是感知服务质量,服务质量反映了政府的机构养老服务供给能力。

(三)产出和效益并重

产出(Outputs)是指所提供的服务,而效益(Outcomes)是这些服务对个体或群体状态所产生的影响。

从绩效指标框架可以看出,产出信息基于公平、效率和效果指标,以照护对象需求为中心加以分类,比如可及性、适宜性和质量,而效益指标注重服务是否实现其目标。该绩效指标框架显示,政府购买养老服务既注重产出,也注重效益,这与政府需求的效益导向一致。评价指标要能反映政府购买养老服务是否达到政府预期目标。为了使本研究的评价框架实现产出和效益并重,本研究既注重投入产出的政府购买效率的评价,也关注了资源配置公平的评价,还关注政府购买机构养老服务对服务接受者(入住老人)感知的服务质量的评价。

(四)指标具有全面性

指标体系在公平、效率和效果三类指标基础上,进一步细化,直到转化成可以度量的子指标,实现对各项服务的重要目标展开评价。例如,效果这一指标被分解为可及性、适宜性和质量三个子指标,最终分解为十个可以度量的下一级指标,包括运营的养老照护场所、养老照护服务所耗时间、建议的长期照护计划、未满足的需求、养老照护类患者的住院天数、照护的强度、与机构养老服务标准的一致性、与居家养老服务标准的一致性、投诉处理、服务标准的客户评价。

(五)指标和数据具有可比性

政府购买养老服务的评价指标最终细化为可以度量的子指标,尽可能采用相对数据,使之具有时间和空间的可比性,实现各辖区之间的横向比较及同一辖区的纵向比较。

（六）指标兼具稳定性和动态性

政府购买养老服务的评价指标具有一定的稳定性,从而将时间序列数据作为评估服务的发展指标加以衡量。另外,工作小组也会根据实际情况及时调整现行的绩效评价指标,确保评价指标紧贴政府购买养老服务的内容,有助于提升绩效评价质量。目前,照护的强度、服务标准的客户评估等养老服务评价指标不够完善,几乎没有绩效报告。未来将继续完善公平和效率指标、养老照护耗费时间指标、养老照护类患者的住院天数指标,提出与老年照护改革相关的绩效指标。

第二节　英国政府购买养老服务的绩效评价

20世纪40年代后,英国建立了福利制度。随着人口老龄化的加剧,英国政府不断完善养老服务体系建设,成为养老服务体系最完善的国家之一。英国的养老服务类型多样化,主要有居家养老服务(Home Care)、日间照护服务(Respite and Day Care)、老年公寓(Sheltered Housing)和养老院(Care Home),涉及机构养老服务的主要是后面三种类型。这些不同类型服务可以满足不同身体状况、经济状况的老年人的差异化需求。日间照护服务主要为居家老年人提供短期照护;老年公寓是为基本自理的老年人提供服务,适合大部分老人;养老院主要向丧偶、自理能力较差、需长期照护、缺乏家庭支持的老人提供养老服务,这类机构包括不带医疗服务的养老院(Residential Care Home)和带医疗服务的护理院(Nursing Home)。另外,英国还有面向特殊需求老人的养老机构,如临终关怀机构(Hospices)、痴呆病人养老院等(Care Home for Dementia Patients)等。

一、购买养老服务资金来源

购买养老服务的资金来自政府和老年人。政府根据老人的家庭财产评估情况,进行不同程度的服务补贴。如果老人每年家庭财产不足14 250英镑,完全由地方政府购买养老服务;如果老人每年家庭财产满

14 250英镑而不足23 250英镑,则政府每年支付250英镑,老年人另外再支付1英镑/周即可;如果老人每年的家庭财产超过23 250英镑,则政府不提供服务补贴。

二、政府的角色与责任

自20世纪90年代以来,包括英国在内的许多福利国家出现经济发展缓慢、财政负担过重等问题。英国政府开始在养老服务领域建立"准市场"机制,避免成为养老服务直接提供者,让民间养老服务机构作为养老服务生产者直接提供服务。政府则更多负责养老服务政策的制定、养老服务的监管评估和养老服务的购买。这样不仅给民间养老机构提供了发展空间,也使养老服务的种类和项目多样化和丰富化,更好地满足老年人的需求。[1]

三、政府购买养老服务绩效评价的依据

为保障老人享受养老服务,英国政府建立了较完善的法律体系,包括《国民健康服务法》《国民保健法》《全民健康与社区照顾法案》《国家老年服务框架》《国家黄金标准框架》等法律和标准,对养老机构的服务内容与评估等方面加以规范。这些法律和标准成为对政府购买养老服务评价的法律依据。

四、政府购买养老服务绩效的评价主体、对象和评价指标

政府购买养老服务绩效的评价主体、对象和评价指标如表3-6所示。英国对政府购买养老服务的评价和监督,主要针对政府分配的公共资金,保证根据预算配置给服务机构的资金得到有效的使用。政府对资金使用状况定期公示,接受议会和公众监督。对政府的评价和监督主要包括三个方面:资金是否专款专用,资金配置是否公平合理,资金使用是否有效率。

养老机构只有通过政府评估才能拿到政府购买服务的经费。各地方政府都有专门负责评估、监察养老机构的组织,如英格兰的照顾质量

---

[1]郭红艳,彭嘉琳,雷洋,王黎,谢红. 美国养老机构服务质量评价的特点及启示[J]. 中华护理杂志,2013,48(07):652-654.

委员会(Care Quality Commission)等,主要负责政策制定、养老机构注册与管理、服务质量评价与监督、投诉处理、发布年报信息等。检查和评估内容主要包括环境、服务、工作人员、管理人员等方面,评价指标涉及多个方面,如英格兰的照顾质量委员会的评价指标主要包括安全性、有效性、人性化、响应性和管理能力五个方面。评估结果在每年的10月公布在官方网站上。[①]

表3-6 英国政府购买养老服务绩效的评价主体、对象和评价指标

评价主体	评价对象		评价指标
议会社会公众	政府	专用性	确保资金只用于批准的用途
		公平性	确保资金得到公平配置
		经济性	达到预期结果前提下降低成本
照顾质量委员会等地方政府专门机构	养老机构	安全性	避免老人受到伤害或虐待;员工合理使用风险管理,保障老人安全;人员配置满足老人个人需求;药物管理适当
		有效性	员工具有专业性;饮食丰富而有营养;必要时能得到专业保健人员的照顾
		人性化	员工待人和蔼热情,与老人关系和谐;老人参与服务项目计划的制订,并对所接受的服务了解充分;隐私和尊严得到保护,文化需求和信仰得到尊重
		响应性	适时提供服务或开展活动,使老人满意;针对老人个性化的需要提供贴心的服务;有稳定成熟的诉求表达渠道和流程
		管理能力	有积极开放的文化;老人及其家人、员工感觉良好;质量保证流程完善

(资料来源:根据英格兰照顾质量委员网站相关内容整理)

五、政府购买养老服务绩效评价的特点

(一)建立严格的评价和监管体制

英国依据完备的法律和标准对政府购买机构养老服务进行评价和监督。一方面,对养老机构进行评价和监督,并根据评估结果,给予不同的处理意见,甚至暂停或关闭不合格养老机构,使机构养老服务的专业

①英格兰照顾质量委员会. CQC Inspections[EB/OL].(2016-09-02)[2017-09-06]. https://www.cqc.org.uk/ sites/default/files/new_reports/INS2-2551349670. pdf.

性和资金价值得到保证。另一方面，英国还对政府分配公共资金进行评价和监督，彰显社会公平。

（二）既注重过程评价，又注重结果评价

不管是对政府机构的评价，还是对提供养老服务养老机构的评价，都是过程评价与结果评价并重。在对政府部门评价中，英国注重对投入产出的过程评价，强调公共资金专款专用和配置的公平，同时强调公共资金使用的效果，即以相对较低的成本实现预期目标。在对养老机构的评价中，采取例行检查和突击检查相结合的方式，既强调在服务过程中保证老人的安全、饮食营养、隐私和信仰得到尊重等的过程评价，同时也强调"老人是否满意"的结果评价。

（三）质量评价指标全面性和层次性

英国对养老机构的评价侧重于养老服务效果，体现出养老服务的"以人为本"理念，从而保证老人享受到高质量的养老服务。评价指标主要包括安全性、有效性、人性化、响应性和管理能力五个方面，评价内容比较全面，同时具有一定的层次性，既可以满足老人的饮食营养、安全性等低层次需求，同时又兼顾文化、信仰等得到尊重的高层次需求。通过这些指标体系的评价，使老人享受的养老服务质量得到一定保障。

通过对政府购买养老服务的绩效评价和监督，英国养老服务公共资金得到了较为公平的分配和使用，也保障了机构养老服务质量，政府和养老机构等社会组织也形成了良好的合作伙伴关系。许多国家效仿这一模式，这对我国政府购买养老服务绩效评价也具有一定的启示。

第三节 澳、英政府购买养老服务评价维度和框架的启示

一、传导机制决定了被评价主体的双元性

在政府购买养老服务中，政府并没有直接生产服务，而是通过养老机构这一传导机制提供给服务对象。因此，对政府购买养老服务结果的

评价必须通过对养老机构生产的机构养老服务的质量评价来体现。无论是澳大利亚，还是英国，在对政府购买养老服务进行绩效评价的过程中，被评价主体不仅是政府部门或者养老机构，而是兼而有之，具有双元性特点。政府购买养老服务绩效评价既涉及公共资源的配置公平和使用效率，同时又强调公共资源使用的效果。公共资源的配置公平和使用效率主要取决于政府部门的行为，而公共资源使用的效果主要体现在服务对象所享受的养老服务的质量上。作为养老服务直接生产者的养老机构，也就成了被评价主体。

二、对政府部门评价侧重公平与效率

对政府机构的评价侧重于公共资金配置的公平和使用效率。澳大利亚政府购买养老服务绩效评价指标"公平"是通过"可及性"进行衡量的，具体采用"被不同人群使用"这一指标加以度量。"被不同人群使用"是向所有人（尤其是特殊需求者）提供公平、可及的养老服务的一项政府目标指标。这一目标的实现取决于政府配置公共资源的公平性。在对政府购买养老服务的绩效评价中，英国对政府机构的评价侧重于公共资金配置的公平和使用效率，具有专用性、公平性和经济性。保证预算公共资金专款专用、公平合理地配置，并以相对较低的成本实现预期目标。[①]

三、对养老机构的评价侧重于服务质量

在政府购买机构养老服务中，政府并没有直接生产服务，而是通过养老机构这一传导机制提供给服务对象。因此，对政府购买机构养老服务结果评价必须通过对养老机构生产的机构养老服务的质量评价来体现。机构养老服务质量的评价可以弥补公平和效率维度评价的不足。

养老机构服务质量的评价结果反映出政府购买养老服务的效果。澳大利亚对养老机构的评价，重点在于评价服务质量，考察养老机构提

---

①韩俊魁. 当前我国非政府组织参与政府购买服务的模式比较[J]. 经济社会体制比较, 2009(06):128-134.

供的养老服务是否和相应标准一致,并且将客户的评价和投诉作为服务质量的关键指标。

英国对养老机构的评价侧重于养老服务效果,从而保证老人享受到高质量的养老服务,评价的主要内容包括环境、服务、工作人员、管理人员等方面,评价指标主要包括安全性、有效性、人性化、响应性和管理能力五个方面。这五个方面指标体现了养老服务的"以人为本"的理念,侧重于服务质量的评价。

第四章 政府购买机构养老服务绩效评价的框架与调研设计

本章在比较组织绩效评估三种模式的基础上，基于结果导向型模式探讨机构养老领域的政府购买养老服务绩效评价的构成元素，并构建政府购买养老服务的评价维度。然后，分别就"公平""效率""服务质量"一级指标构建具体的子指标，形成政府购买养老服务的评价指标框架。基于这一评价指标框架，结合武汉市政府购买机构养老服务的现状进行了调研设计。

第一节 政府购买机构养老服务绩效评价的维度框架

一、绩效评价的模式：结果导向型

20世纪80年代以后，一些发达国家为应对国际竞争和解决财政赤字等问题，大多基于公共责任和顾客至上的价值取向对政府公共部门实施绩效评价。在各国的实践中，存在三种组织绩效评价模式：效率导向型、结果导向型和管理导向型（娄峥嵘，2008）。

（一）效率导向型

效率导向型评价主要有四种指标。第一，投入—产出指标，即单位产出的成本。第二，有效性。这种指标方法基于组织"真正产品"的重要性高于"直接产出"的假设。第三，设备或雇员的使用率，即实际使用资源量与可使用资源量之比。这意味着，组织设备未被使用的时间越长或员工未被使用的工作时间越多，效率越低。第四，生产力指数。生产力即单位投入的产出量，生产力指数常用以度量不同年度的生产力变化，是一种相对效率评价指标。

效率导向型评价是针对组织内部绩效的评价,侧重于经济上的投入和产出,如果用其来对公共部门进行评价,可能会导致对社会效益的忽略,影响公共部门的"公共性"。正如美国绩效评价学者Harry(1996)所言,如果缺乏有效性尺度,效率标准强调工作量与产出就会损失质量和有效性,并会产生负面作用。

(二)结果导向型

结果导向型评价是对组织外部的绩效进行评价,关注组织活动所产生的产品或服务的效果、公平性等。就公共部门而言,应注重对公共部门所提供公共产品或服务的质量、公平性和公众满意度等的评价。产出和投入仅仅是对结果评价的补充。20世纪90年代,随着新公共管理和政府再造运动的出现,结果导向型评价得以强化。

(三)管理导向型

管理导向型评价以组织管理为重心对组织把投入转化成产出和结果的管理能力实施评价。绩效评价学者Ingraham(2000)提出的"管理黑箱"理论认为,组织绩效低下是由于"管理黑箱",组织的管理能力在绩效形成过程中起到至关重要的作用。Ingraham还进一步论证了政府管理能力和政府绩效呈正相关,并将政府能力定义为在合适时间将合适资源用于合适地方的能力。

就政府购买机构养老服务绩效评价而言,单独使用其中某一种评价模式,均有各自优势和不足。效率导向型可以实现较客观的量化的绩效评价,但可能导致公共部门忽略养老服务"公共性"的结果。结果导向型注重了对政府所购买机构养老服务的质量、公平性和公众满意度等的评价,但很难对服务质量、公众满意度等进行量化,难以克服主观因素的不利影响。管理导向型注重管理过程和管理能力,衡量政府能否在合适的时间将合适的资源用于合适的地方,却对政府购买养老服务效率和有效性评价有所忽视。

基于结果导向型评价政府购买养老服务的优势,考虑到政府购买机构养老服务政策目标的多样性、所涉及主体的复杂性,本研究从结果导向角度,从公平、效率和服务质量三个维度对政府购买机构养老服务的公平性、政府购买机构养老服务的效率以及机构养老服务的质量对政府购买机构养老服务的绩效进行分析,在评价过程中,针对结果导向型评价的不足,尽可能对服务质量、公众满意度等进行量化,避免主观因素的不利影响。

二、政府购买机构养老服务绩效评价的构成要素

(一)公平

特·克莱因和戴义(1992)认为,政府绩效评价具有多元化的价值取向,同一部门可以存在多种目标,可基于不同目标确定不同绩效指标。政府目标与市场目标不同,市场主要关注经济效率,而政府为履行公共职能,在资源再分配时关注社会公平(李锐 等,2015)。公平正义的道德诉求通过政府制度安排实现,公共服务均等化是政府的道德责任(允春喜、陈兴旺,2010)。"公平通过政府"这一论断在计划经济和市场经济条件下都适用,现代意义的财政转移支付法要求中央政府实施财政宏观调控,在收入再分配、地方财力均衡等方面发挥作用,以促进社会公平(徐阳光,2008)。"公平"意味着在对各地财政状况和税收努力统一评估的基础上,通过转移支付实现全国范围内的公共服务供给水平均等化(Musgrave,1987)。因此,本研究将政府购买机构养老服务是资源配置的"公平"作为绩效研究的构成要素之一。

(二)效率

政府购买机构养老服务不仅需要实现公共部门的公平目标和实现公共服务供给均等化,政府购买养老服务的效率也非常重要。对投入产出进行效率评价,可以避免公共资源浪费,以更好地实现公平。关注政府购买机构养老服务的效率,更有利于公平目标的实现。许多学者认为,对购买公共服务绩效进行评价时不能忽略效率。例如,萨瓦斯(2002)认为,购买公共服务的绩效取决于效率、效果和公平这三项最基本指标;森宫胜子认为,购买公共服务评价的重点是效率评价和结果评价。本研究关注政府购买机构养老服务效率,构建投入—产出指标,对其进行评价,为政府资源优化公共配置和提高购买机构养老服务效率提供依据。

（三）服务质量

Harry 等（1996）认为，政府绩效评价除了考虑公平、效率、效果的目标之外，应关注公共产品和公共服务的质量改善，通过政府绩效评价中坚持"顾客导向"原则，使政府绩效评价从聚焦于公平、效率、效果向关注公共服务质量和顾客满意度转变。澳大利亚政府、州和领地政府基于《全国健康照护协议》（National Healthcare Agreement）提出的"澳大利亚老人接受高质量的可承担的健康和养老照护服务"（COAG 2009）规定了长期养老照护目标，政府购买养老服务绩效评价指标框架建立即以该目标为起点，与其保持一致。刘红芹（2012）在其博士论文中从养老服务的质量的维度对政府购买居家养老服务的效果进行研究。《国务院关于印发"十三五"国家老龄事业发展和养老体系建设规划的通知》针对机构养老提出"推动养老机构提质增效"。在政府购买机构养老服务中，政府并没有直接生产服务，而是通过养老机构来生产，即政府购买养老服务必须通过养老机构这一传导机制提供给服务对象。因此，对政府购买机构养老服务结果评价必须通过对养老机构生产的养老服务质量的评价来体现。本研究基于国家老龄事业发展和养老体系建设规划提出的机构养老目标，借鉴学者观点和国外实践，将机构养老服务的质量作为评价政府购买机构养老服务的效果要素。

三、政府购买机构养老服务绩效评价的维度

政府购买机构养老服务是一个从供给到生产再到消费的连续过程。在这一连续过程中，养老机构成为政府购买养老服务的传导机制，如图4-1所示。在这个过程中，不同的主体角色不同、责任不同，追求的目标也不一样。作为供给者的政府既希望公共资源得到公平配置，实现公共服务均等化，同时也希望以最小的资源投入获得最大的产出，并获得较好的社会效果。作为生产者的养老机构，主要追求机构养老服务效率，以较小投入获得更多产出，而作为接受服务的使用者，是希望获得更好的服务质量。这一过程体现了投入、产出和效果的绩效三要素，即政府对机构养老的购买投入、生产者（养老机构）提供的服务和消费者（入住老人）享受的服务。因此，政府购买机构养老服务的绩效包括三个部分：

购买投入过程中的公共资源配置是否公平;投入产出环节政府所投入资源是否有效率;最终所产出的效果方面,生产者(养老机构)向使用者(老人)提供的养老服务的质量是否得到实现。这也与萨瓦斯(2002)的观点一致,他认为衡量政府购买活动是否有效,最基本的三项指标是公平、效率和效果。[①]

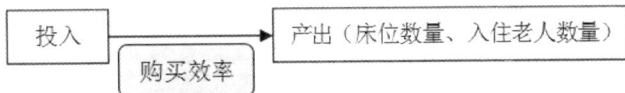

图4-1 政府购买机构养老服务的连续过程和传导机制

服务质量是评价公共服务供给有效性的重要因素(Asian Development Bank,2008),也是判断公共服务是否满足服务对象需求的关键依据。在政府购买养老服务中,接受服务的老人是终端消费者,是重要的利益相关者。入住老人对机构养老服务质量的评价是政府购买养老服务结果的晴雨表,如果这些老人感到满意,就意味着政府购买养老服务是有效的,实现了政府购买公共服务的目的。在政府购买机构养老服务中,政府并没有直接生产服务,而是通过养老机构来生产,即政府购买养老服务必须通过养老机构这一传导机制提供给服务对象。因此,对政府购买机构养老服务结果的评价必须通过对养老机构生产的养老服务质量的评价来体现。根据机构养老服务质量对政府购买养老服务的结果进行评价也反映了"顾客导向"服务型政府的理念。此外,仅从财政投入产出状况评价难以准确反映政府购买机构养老服务的实际结果。许多研究表明,分配更多公共资源到公共服务并不意味着产出的结果更好(陈振明 等,2011)。因此,基于机构养老服务质量测评可从服务消费者视角弥补仅从公平和效率维度评价的不足。

对政府购买养老服务进行评价包括三个变量,即公共资源配置的公平性程度、政府购买机构养老服务的效率、机构养老服务的质量。购买投入过程中的公共资源配置是否公平,通过基尼系数和泰尔指数进行度量。投入产出环节政府所投入资源是否有效率,通过设置投入产出指

---

① 王丽芳. 日本养老服务评价制度及其对我国养老服务事业的启示[J]. 肇庆学院学报,2010,31(4):36-40.

标,使用DEA评价方法进行度量。对产出效果机构养老服务质量的测量通过SERVPERF量表和因子分析法进行测量,同时测量政府购买支出对机构养老服务质量的影响。政府购买机构养老服务绩效评价的维度如表4-1所示。

表4-1 政府购买机构养老服务绩效评价的维度

维度	公平	效率	服务质量
评价内容	公共资源配置的公平程度	政府购买机构养老服务效率	机构养老服务质量
被评价主体	供给者 政府(民政部门)	供给者 政府(民政部门)	生产者 养老机构
评价方法	基尼系数 泰尔指数	数据包络分析方法	评价量表 因子分析法
绩效表现	人口和投入比	投入和产出比	感知服务质量

第二节 政府购买机构养老服务绩效评价的具体指标

本节从政府购买机构养老服务的公平、政府购买机构养老服务的效率和机构养老服务的质量三个维度构建政府购买机构养老服务绩效评价的具体指标,并形成相应的指标体系。

一、政府购买机构养老服务"公平"的评价指标

关于政府公共资源在养老服务方面配置公平的评价,大部分文献仅进行描述性分析,没有使用实际数据和适当工具进行量化研究。在收入分配公平的测度方面,使用最为广泛的基尼系数法和泰尔指数法,这两种方法各具优缺点,因此,本研究借鉴这两种方法展开研究,以避免单一方法分析的不足。

本研究选择以老年人口比重为权重,因为以老年人口为权重可更公平地衡量各区域在接受政府购买的养老服务这一公共资源的公平程度。因而,为测量政府购买养老服务在不同区域、不同性质、不同规模的养老机构分布公平程度,根据相关公式,需要的具体指标如表4-2所示。

表4-2　政府购买机构养老服务"公平"的指标

一级指标	二级指标	分析对象	三级指标
公平性	基尼系数	总体	各养老机构入住老人占总人数比重;政府对各养老机构购买养老服务支出占总购买支出比重
		不同性质养老机构	不同性质养老机构入住老人占总人数比重;政府对不同性质养老机构购买养老服务支出占总购买支出比重
	泰尔指数	不同规模养老机构	不同规模养老机构入住老人占总人数比重;政府对不同规模养老机构购买养老服务支出占总购买支出比重
		不同行政区域养老机构	不同行政区域养老机构入住老人占总人数比重;政府对不同行政区域养老机构购买养老服务支出占总购买支出比重

二、政府购买机构养老服务"效率"的评价指标

狭义的公共服务效率本质上为技术效率,即投入—产出的效率,体现投入的公共服务资源与产出的公共产品或公共服务之间的关系(娄峥嵘,2008)。技术效率是客观指标,关注单位服务耗费的公共资源。公共服务难以将市场价格作为体现效率的指标。成本既包括直接成本,也包括间接成本。产出既包括养老机构数、床位数等产出数量,也包括入住老人满意度等产出质量。鉴于这些研究困难,Boyne等学者将成本界定为综合成本,认为公共服务是否有效率主要看是否以更低成本提供更多数量和更好质量的公共服务(王欢明 等,2010)。许多学者从投入产出角度对公共服务效率进行了研究。例如,钱海燕、沈飞(2014)采用DEA模型研究合肥市政府购买居家养老服务的财政支出效率;吉鹏、李放(2016)使用与钱海燕等相同的方法,建立政府购买社区养老服务投入产出指标,对不同城市社区政府购买养老服务效率进行综合评价,并提出优化建议。这些成果都是基于技术效率,构建投入—产出指标,对政府购买居家养老服务效率进行评价。因此,本研究在这些成果基础上,关注政府购买机构养老服务的效率,构建投入—产出指标,使用DEA模型对政府购买机构养老服务效率进行评价,为政府资源优化公共配置和提高购买机构养老服务效率提供依据。

对于公共服务效率研究的成本和产出难以度量困难,学者们提出从

投入综合成本、公共服务产出的数量和质量三个方面进行评价。钱海燕、吉鹏等学者在研究时采用了相同的投入和产出指标。他们都将政府购买养老服务的年财政支出作为投入指标,将所购买居家养老服务的种类、项目数和享受人员满意度作为产出指标。在政府购买机构养老服务中,投入的公共资源有人力资源投入、购买机构养老服务的财政支出、组织资源和社会资源的投入等,产出主要是负责生产的养老机构所提供的养老服务的数量和水平。政府投入应该从政府购买机构养老服务投入的人力资源、财政支出、其他资源投入方面加以度量,鉴于数据的可得性,本研究借鉴以前学者研究成果,采用各区政府购买机构养老服务财政支出作为投入指标。产出指标采用各区政府购买机构养老服务的承接对象养老机构所提供的产品数量(床位数、入住老人数量)。

王增文(2012)归纳了运用 DEA 方法时选取指标和构建指标体系的六个原则(目的性、独立性、精简性、客观性、关联性、多样性),认为投入—产出指标的确定并非越多越好,应严格控制。Golany 和 Roll(1989)认为,DMU(决策单元)必须同质,且处于相同的市场环境,使用相同的效率衡量指标。同时要处理好样本规模与方法有效性的关系。一般的经验法则是:DMU 数量≥2×投入产出指标数量之和。本研究随机选取了武汉市六个行政区域为决策单元,根据一般经验法则,投入—产出指标不能超过三个。本研究指标数量满足这一法则,所得具体指标如表4-3所示。

表4-3　政府购买机构养老服务"效率"的指标

一级指标	二级指标	三级指标
政府购买机构养老服务的效率	投入	各区政府购买机构养老服务的年财政支出
	产出	各区机构养老床位数
		各区机构养老入住老人数量

三、机构养老服务质量的评价指标

(一)机构养老服务质量评价指标的初建

依据SERVPERF评价法设计量表,基于有形性、可靠性、响应性、安全性和移情性五个维度建立机构养老服务质量的评价指标体系。同时,根据国家、湖北省和武汉市相关法律和政策对量表维度下面的22个指标进行适当的修正。

国家层面上与养老服务相关法律、政策和行业标准主要有《老年人权益保障法》《养老机构管理办法》(民政部令第49号)、《老年人社会福利机构基本规范》(MZ008－2001)、《老年养护院建设标准》(建标144—2010)、《老年人居住建筑设计规范》(GB 50340—2016)、《养老机构安全管理》(行业标准)(MZ/T 032—2012)、《养老护理员国家职业技能标准》(2011年修订,人社厅发〔2011〕104号)、《国务院办公厅关于全面放开养老服务市场提升养老服务质量的若干意见》(国办发〔2016〕91号)、《民政部等六部门印发关于开展养老院服务质量建设专项行动的通知》(民发〔2017〕51号)、《养老机构医务室基本标准(试行)》和《养老机构护理站基本标准(试行)》(国卫办医发〔2014〕57号)等;湖北省和武汉市与养老服务相关的法律法规和政策性文件主要有《湖北省养老服务机构等级评定办法(试行)》(鄂民规发〔2011〕4号)、《湖北省养老服务机构精细化管理服务基本流程(试行)》(鄂民政函〔2014〕272号)、《湖北省养老服务机构服务质量规范(试行)》(鄂民政规〔2010〕5号)、《省民政厅关于印发示范性养老机构试行标准开展养老机构示范创建活动的通知》(鄂民政函〔2015〕58号)《湖北省养老机构食堂食品安全管理规范(试行)》《湖北省人民政府办公厅关于全面放开养老服务市场提升养老服务质量的实施意见》(鄂政办发〔2017〕44号)、《关于印发〈武汉市社区养老院规范〉(试行)的通知》(武民政规〔2014〕1号)、《武汉市养老设施空间布局规划(2012—2020年)》《武汉市社会办养老福利机构管理办法》(武汉市人民政府令第230号)等。这些法律法规和政策文件的内容涉及养老机构的建筑标准、设施规范、服务标准、医疗规范、饮食规范和管理制度规范等方面。根据相关文件的规定,本研究的量表中加入了诸如养老机构房间及设施设备等级、机构有无健全规章制度、持有专业资格证书工作人员比例等内容。

为了构建科学合理的评价指标,我们先后对养老服务领域的学者、民政部门工作人员、养老机构员工以及入住老人进行了访谈。访谈主要内容包括养老服务需求的内容、机构养老服务供给的内容、机构运营中最大三项优势和三项挑战、老人对机构服务质量评价的影响因素等,初步构建机构养老服务质量的评价指标体系,如表4-4所示。

表4-4 机构养老服务质量的评价指标体系

维度		SERVQERF评价		机构养老服务质量评价
有形性	1	有现代化服务设施	T1	设施设备具有适老性,房间及设施设备等级
	2	服务设施有吸引力	T2	有医务室(医院)、健身房(康复室)、文娱活动室、失智者活动专区、临终关怀室(专区)、宗教活动室(专区)
	3	员工有整洁的服装和外套	T3	工作人员衣着干净整洁
	4	公司的设施与其所提供的服务相匹配	T4	居室和被褥整洁、无异味
可靠性	5	公司向顾客承诺的事情都能及时完成	RL1	机构有健全规章制度,并能按制度行事
	6	顾客遇到困难时,能表现出关心并帮助	RL2	老人遇到困难时,表现出关心并提供帮助
	7	公司是可靠的	RL3	口碑良好,网络上无负面报道,机构有级别
	8	能准时提供所承诺的服务	RL4	能准时提供制度或合同规定的服务
	9	正确完成相关记录	RL5	正确完成相关记录
响应性	10	不能指望他们告诉顾客提供服务的准确时间※	RP1	能告知老人提供服务的准确时间
	11	期望他们提供及时的服务是不现实的※	RP2	工作人员能及时提供服务
	12	员工并非总是愿意帮助顾客※	RP3	工作人员乐意帮助老人
	13	员工因太忙一直无法立即提供服务,满足顾客的需求※	RP4	员工虽然很忙,但仍然能立即提供帮助,满足顾客的需求
安全性	14	员工是值得信赖的	A1	持有专业资格证书工作人员比例
	15	在从事交易时,顾客会感到放心	A2	工作人员提供服务时,老人觉得放心
	16	员工是礼貌的	A3	工作人员从不虐待老人,对老人有礼貌,尊重老人隐私
	17	员工可以从公司得到适当的支持,以提供更好的服务	A4	机构为员工提供专业知识和技能培训

维度		SERVQERF 评价		机构养老服务质量评价
移情性	18	公司不会针对不同顾客提供个别的服务※	E1	机构会针对不同老人提供个性化服务
	19	员工不会给予顾客个别的关心※		
	20	不能期望员工了解顾客的需求※	E2	工作人员能主动与老人沟通,了解老人的需求
	21	公司没有优先考虑顾客利益※	E3	机构优先考虑老人的需求和尊严
	22	公司提供服务的时间不符合所有顾客的需求※	E4	机构提供服务的时间符合老人的需求

注:※表示这些问项评分是反向的。

　　SERVPERF 评价法继承了 SERVQUAL 模型的有形性、可靠性、响应性、安全性、移情性。有形性包括实际设施、环境和工作人员仪表等。在养老机构中,主要体现在设备和设施种类、等级,是否有适老性以及居室、被褥卫生状况和服务人员衣着卫生情况等。可靠性即机构或服务人员具备准确履行承诺的能力,是可信赖的。在机构养老服务中,老人关注并希望机构或其工作人员值得信赖,能始终如实履行所承诺服务内容和服务水平。响应性指工作人员态度热情,对服务要求快速反应,能及时提供服务。在机构养老服务中,响应性主要体现在工作人员能否和蔼、热情地对老人的要求迅速做出回应,并能适时、敏捷地提供服务。安全性即工作人员具有专业知识与技能并能获得顾客信赖的能力。在机构养老服务中,安全性主要表现为工作人员综合素养和专业能力过硬,态度和善,能获得老人信赖。移情性指工作人员能主动有效地与顾客进行沟通,明确其需求之后,提供个性化服务,重视顾客权益和满足不同顾客需求。在机构养老服务中,移情性主要表现为工作人员对每一位老人都给予足够关注,与老人或其家属有效沟通,明确并满足他们的个性化需求。

　　结合养老服务行业特点,根据机构养老相关法律法规、行业标准和政策,以及实地调查和访谈情况对相关指标进行了修正:第一,调研中发现,对于反向评分的问题,老人在回答时难以理解和把握,所以修正为正向评分的问题;第二,调研中发现,问题"18.公司不会针对不同顾客提供个别的服务"和"19.员工不会给予顾客个别的关心"区分度不高,而且,老人对"关心"的理解不一致,大多数老人认为"个别的关心"就是"提供个别的服务","提供个别的服务"是"个别的关心"的具体表现,因此,将这两个问题合并为"机构针对不同老人提供个性化的服务";第三,为了尽可能使问卷答案客观化和便于回答,对一些问题衡量标准进行处理,如"有现代化服务设施"转化为"设施设备具有适老性,房间及设施设备等级","服务设施有吸引力"修正为"有医务室(医院)、健身房(康复室)、文娱活动室、失智者活动专区、临终关怀室(专区)、宗教活动室(专区)","公司向顾客承诺的事情都能及时完成"转化为"机构有健全规章制度,并能按制度行事","员工是值得信赖的"转化为"持有专业资格证书工作人员比例","员工可以从公司得到适当的支持,以提供更好的服务"转化为"机构为员工提供专业知识和技能培训"。

(二)基于因子分析的服务质量评价体系指标的构建

1.问卷信度检验

为保证研究的可靠性,需要在研究前对问卷进行信度检验。信度检验常用Cronbach系数进行判断。如果大于0.8,表明问卷具有很高可靠性。科莱福德认为,Cronbach系数大于0.7表明信度较高,小于0.35则表示信度较低,0.35~0.7表明信度一般。本研究在运用SPSS进行信度检验的结果发现,该系数为0.869,这表示问卷具有较高可靠性。

2.效度检验

可依据KMO(Kaiser-Meyer-Olkin)和Bartlett检验来评价样本数据是否适宜使用因子分析。KMO值可检验变量间的偏相关性。若KMO值超过0.9,最适宜进行因子分析;若KMO值低于0.5,则不适合使用因子分析。相关系数矩阵是否为单位矩阵可通过Bartlett检验来判断,若统计值较大,且p值小于既定显著水平,表明相关关系矩阵不是单位矩阵,可以进行因子分析。如表4-5所示,KMO值为0.807,接近1,变量间具有较强相关性,Bartlett检验p值低于0.05,表明适宜进行因子分析。

表4-5　KMO检验与 Bartlett检验

取样足够的Kaiser-Meyer-Olkin度量		0.807
Bartlett 球形检验	近似卡方	1.921E3
	df	210
	$Sig.$	0.000

3.指标调试

在对武汉市机构养老服务质量进行评价的过程中,本研究采用了21个具体评价指标。这21个观测变量的具体内容涉及养老机构的设施条件、提供养老服务过程的不同表现和各种服务结果等,让我们获得较丰富的观测数据。然而,不能排除这些观测变量间有相关性的可能。有些观测数据看起来差异很大,却不能从不同侧面体现机构养老服务质量的不同属性,而仅仅是其同一属性的不同表现,这样会导致观测数据所体现的机构养老服务质量属性其实比观测数据本身少。为进一步确定机构养老服务质量的关键因素,本研究对评价指标加以调试,使用SPSS软件对问项加以筛选,剔除其中非必要的、稳定性差的变量,然后使用因子分析法对精简后的量表进行数据分析,提取属性因子,通过因子分析检验量表指标结构和初设五个维度的一致性,结合分析结果对指标加以调整,删掉不需要指标。最后确定各属性因子,并对新综合指标变量进行重新命名。

本研究使用SPSS中主成分分析法的平均正交旋转法(Equamax)进行因子分析,因为这种方法兼具方差最大旋转法(Varimax)和四次方最大正交旋转法(Quatimax)的优点,既可减少每个因素上的具有最大载荷变量的个数,又可减少解释每个变量的因素个数。采用特征值大于1的标准进行抽取。鉴于问卷项目数较多,所以可能存在交叉负荷现象。本研究采取下列原则对指标加以筛选:旋转后因子载荷值低于0.4;或者同时在两个因子上的因子载荷值都超过0.4,且二者差距小于0.15;或只有一个问项的公共因子。第一次因子分析结果如表4-6所示。

表4-6　第一次因子分析结果

指标	公共因子				
	1	2	3	4	5
T1	0.033	−0.064	0.351	−0.011	0.713
T2	0.001	0.019	−0.248	0.121	0.852
T3	0.620	0.512	0.354	0.112	0.122
T4	0.564	0.450	0.367	0.168	0.061
RL1	0.089	0.034	0.034	−0.502	0.530
RL2	0.864	0.240	0.019	0.046	0.127
RL3	0.433	−0.031	0.720	0.044	0.330
RL4	0.525	0.356	0.415	0.266	0.279
RL5	0.572	0.323	0.465	−0.052	0.134
RP1	0.594	0.171	0.611	−0.021	0.025
RP2	0.688	0.234	0.299	−0.029	0.187
RP3	0.862	0.253	0.028	0.038	0.115
RP4	0.324	0.139	0.617	0.163	−0.011
A1	−0.150	−0.042	−0.019	0.898	0.101
A2	0.200	0.167	0.048	0.866	−0.009
A3	0.181	0.855	0.351	0.131	−0.007
A4	−0.106	0.208	0.817	0.005	0.050
E1	0.046	0.467	0.654	−0.058	0.201
E2	0.186	0.857	0.336	0.148	0.043
E3	0.290	0.506	0.147	0.048	0.376
E4	0.212	0.853	−0.133	0.001	−0.031

注:提取方法为提取主成分;旋转方法为具有Kaiser标准化的平均正交旋转法;旋转在9次迭代后收敛。

　　从表4-6可知,T3、T4、RL1、RL4、RL5、RP1不符合要求,故删掉。删掉这些观测指标后再按照上述步骤展开因子分析,其过程如表4-7所示。

表4-7　探索性因子分析过程

模型	模型一	模型二	模型三
指标	所有指标	删除T3、T4、RL1、RL4、RL5、RP1	删除E3
累计方差贡献率/%	75.579	77.789	80.188

由表4-7可见,各一级维度结构满足要求,而且因子的累计方差贡献率为80.188%,大于80%,大大超过Nunnally和Bemstein所提出的50%合格要求。与第一次累计贡献率相比,增加了4.609个百分点,这表明样本数据效果比较理想。剔掉不显著指标变量之后,提取因子中的各指标的载荷均较高。

对满足要求的14项指标,再次进行因子分析。在因子分析前,依然需要依据KMO和Bartlett检验来评价样本数据是否适宜使用因子分析。检验结果表明,KMO值为0.709,Bartlett球形检验的p值为0.000,适合使用因子分析,如表4-8所示。

表4-8　KMO检验与 Bartlett检验

取样足够的Kaiser-Meyer-Olkin 度量		0.709
Bartlett球形检验	近似卡方	1.180E3
	df	91
	$Sig.$	0.000

再次进行因子分析的结果显示,可提取5个公共因子,累积方差贡献率达到80.188%,如表4-9和图4-2所示。筛选后因子分析旋转成分矩阵如表4-10所示。

表4-9　评价指标公共因子的特征值和贡献率

成分	初始特征值			提取平方和载入			旋转平方和载入		
	合计	方差的百分比	累积百分比	合计	方差的百分比	累积百分比	合计	方差的百分比	累积百分比
1	4.990	35.643	35.643	4.990	35.643	35.643	2.689	19.206	19.206
2	1.795	12.819	48.461	1.795	12.819	48.461	2.671	19.076	38.282
3	1.655	11.824	60.285	1.655	11.824	60.285	2.615	18.682	56.964
4	1.635	11.679	71.964	1.635	11.679	71.964	1.735	12.391	69.355

成分	初始特征值			提取平方和载入			旋转平方和载入		
	合计	方差的百分比	累积百分比	合计	方差的百分比	累积百分比	合计	方差的百分比	累积百分比
5	1.151	8.224	80.188	1.151	8.224	80.188	1.517	10.833	80.188
6	0.705	5.039	85.227						
7	0.602	4.302	89.529						
8	0.442	3.159	92.689						
9	0.323	2.309	94.998						
10	0.254	1.815	96.813						
11	0.207	1.480	98.293						
12	0.191	1.364	99.657						
13	0.042	0.300	99.957						
14	0.006	0.043	100.000						

注:提取方法为提取主成分。方差的百分比、累计百分比取四舍五入的数值,故累计百分比数值与该表格直接计算的累计百分比有出入。

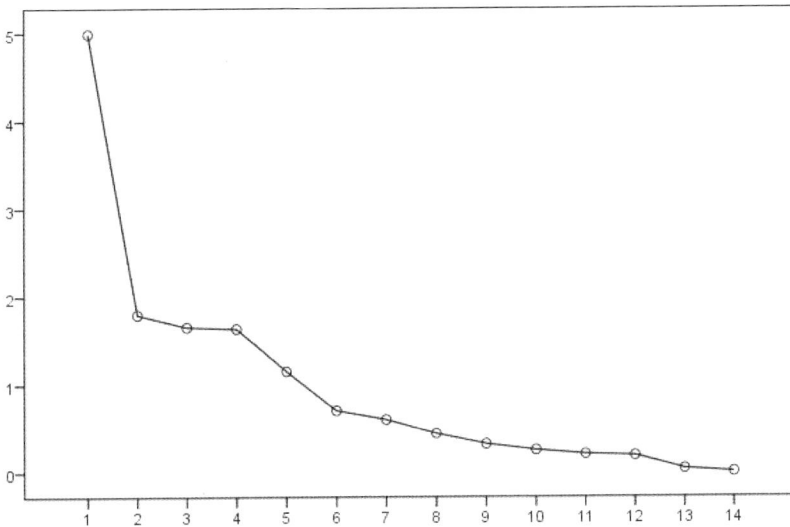

图4-2 因子分析各指标特征值示意

从表4-10中可以看出,成分1包含三个指标变量:RL2老人遇到困难时,能表现出关心并帮助;RP2工作人员能及时提供服务;RP3工作人员乐意帮助老人。这三个指标主要反映了工作人员能否和蔼、热情地对老人的要求迅速做出回应,并能适时、敏捷地提供服务。因此,这里继续沿用第三维度名称,将这一因子命名为响应性因子。

成分2包含三个指标变量:A3工作人员从不虐待老人,对老人有礼貌,尊重老人隐私;E2工作人员能主动与老人沟通,了解老人需求;E4机构提供的服务时间符合老人的需求。这三个指标主要反映了工作人员对每一位老人是否都给予足够关注和尊重,与老人或其家属有效沟通,明确并满足老人的个性化需求。因此,这里继续沿用第五维度名称,将这一因子命名为移情性因子。

成分3包含四个指标变量:RL3口碑良好,网络上无负面报道,机构获得荣誉级别;RP4员工虽然很忙,但仍然能立即提供帮助,满足顾客的需求;A4机构为员工提供专业知识和技能培训;E1机构会针对不同老人提供个性化服务。这四个指标主要体现了机构具有良好信誉,服务人员具备履行承诺的能力和良好服务态度,是值得信赖的。因此,这里继续沿用第二维度名称,将这一因子命名为可靠性因子。

成分4包含两个指标变量:A1持有专业资格证书工作人员比例;A2工作人员提供服务时,老人觉得放心。这两个指标体现了工作人员综合素养和专业能力过硬,态度和善,能获得老人信赖。因此,这里继续沿用第四维度名称,将这一因子命名为保证性因子。

成分5包含两个指标变量:T1设备设施有适老性,房间及设施设备等级;T2有医务室(医院)、健身房(康复室)、文娱活动室、失智者活动专区、临终关怀室(专区)、宗教活动室(专区)。这两个指标体现了养老机构实际设备和设施、居室环境情况。因此,沿用第一维度名称,将这一因子命名为有形性因子。

表4-10 筛选后因子分析旋转成分矩阵

指标	公共因子				
	F1	*F2*	*F3*	*F4*	*F5*
T1	0.074	−0.051	0.371	−0.078	0.762
T2	0.055	0.038	−0.232	0.120	0.882

RL2	0.927	0.218	0.049	0.060	0.081
RL3	0.429	−0.037	0.728	0.049	0.287
RP2	0.677	0.206	0.293	−0.029	0.113
RP3	0.928	0.231	0.060	0.054	0.067
RP4	0.313	0.131	0.631	0.157	−0.042
A1	−0.152	−0.032	0.000	0.927	0.109
A2	0.199	0.153	0.068	0.884	−0.060
A3	0.206	0.852	0.351	0.110	−0.015
A4	−0.061	0.214	0.836	0.028	0.000
E1	0.110	0.477	0.664	−0.075	0.181
E2	0.214	0.853	0.341	0.140	0.028
E4	0.230	0.868	−0.148	0.024	−0.027

注：提取方法为提取主成分；旋转方法为具有Kaiser标准化的平均正交旋转法。旋转在8次迭代后收敛。

4.指标的确定

对初始量表进行指标变量分析、检验筛选以后，对初始量表加以修正，得到入住老人感知的机构养老服务质量评价量表的最终指标体系，如表4-11所示。

表4-11 武汉市机构养老服务质量评价指标

二级指标		三级指标
响应性F_1	X_1	RL2 老人遇到困难时，能表现出关心并帮助
	X_2	RP2 工作人员能及时提供服务
	X_3	RP3 工作人员乐意帮助老人
移情性F_2	X_4	A3 工作人员从不虐待老人，对老人有礼貌，尊重老人隐私
	X_5	E2 工作人员能主动与老人沟通，了解老人需求
	X_6	E4 机构提供的服务时间符合老人的需求
可靠性F_3	X_7	RL3 口碑良好，网络上无负面报道，机构获得荣誉级别
	X_8	RP4 员工虽然很忙，但仍然能立即提供帮助，满足顾客的需求
	X_9	A4 机构为员工提供专业知识和技能培训

二级指标		三级指标
	X_{10}	E1机构会针对不同老人提供个性化服务
保证性 F_4	X_{11}	A1持有专业资格证书工作人员比例
	X_{12}	A2工作人员提供服务时,老人觉得放心
有形性 F_5	X_{13}	T1设备设施有适老性,房间及设施设备等级
	X_{14}	T2有医务室(医院)、健身房(康复室)、文娱活动室、失智者活动专区、临终关怀室(专区)、宗教活动室(专区)

四、政府购买机构养老服务绩效评价的指标框架

根据前面分析,从政府公共资源配置的公平性程度、政府购买机构养老服务的效率和机构养老服务质量三个维度构建政府购买机构养老服务绩效的评价的指标框架,如表4-12所示。

表4-12 购买机构养老服务绩效的评价的指标框架

一级指标	二级指标	三级指标
政府公共资源配置的公平性程度	基尼系数泰尔指数	各养老机构入住老人占总人数比重 政府对各养老机构购买养老服务支出占总购买支出比重
		不同性质养老机构入住老人占总人数比重
		政府对不同性质养老机构购买养老服务支出占总购买支出比重
		不同规模养老机构入住老人占总人数比重 政府对不同规模养老机构购买养老服务支出占总购买支出
		比重
		不同行政区域养老机构入住老人占总人数比重 政府对不同行政区域养老机构购买养老服务支出占总购买
		支出比重
政府购买	投入	各区政府购买机构养老服务的年财政支出
机构养老	产出	各区机构养老床位数
		各区机构养老入住老人数量

			服务的效率
政府购买机构养老服务效率	机构养老服务质量	响应性	老人遇到困难时,能表现出关心并帮助
			工作人员能及时提供服务
			工作人员乐意帮助老人
		移情性	工作人员从不虐待老人,对老人有礼貌,尊重老人隐私
			工作人员能主动与老人沟通,了解老人需求
			机构提供的服务时间符合老人的需求
政府购买机构养老服务的效果	机构养老服务质量	可靠性	口碑良好,网络上无负面报道,机构获得荣誉级别
			员工尽管很忙,但仍然能立即提供帮助,满足顾客的需求
			机构为员工提供专业知识和技能培训
			机构针对不同老人提供不同的服务
		保证性	工作人员持有专业资格证书工作人员比例
			工作人员提供服务时,老人觉得放心
		有形性	设备设施有适老性,房间及设施设备等级
			有医务室(医院)、健身房(康复室)、文娱活动室、失智者活动专区、临终关怀室(专区)、宗教活动室(专区)

第三节 武汉市机构养老服务现状与调研设计

本节从武汉市机构养老服务需求和供给角度考察武汉市机构养老服务现状,并探讨武汉市政府购买机构养老服务具体形式。在此基础上,进行调研设计。

一、机构养老服务的需求

近年来,武汉市的人口老龄化程度逐渐加深,并有越来越严重的趋势,老年人口的养老需求问题越来越突出。

(一)老年人口快速增长

2005—2017年武汉市老年人数增长情况如图4-3所示。

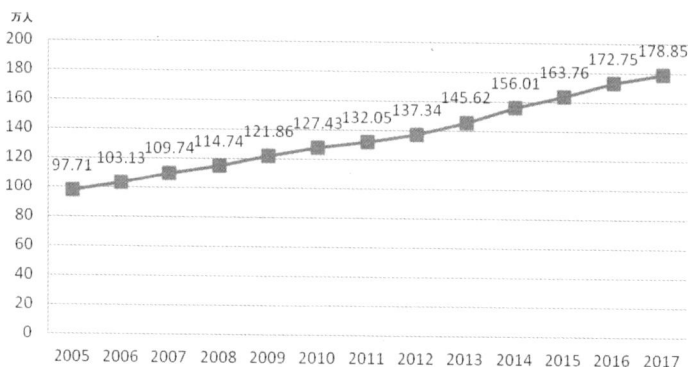

（数据来源：武汉市民政局网站）

图4-3　2005—2017年武汉市老年人口走势图

从图4-3可见，自2005年以来，武汉老年人口呈现递增状态。在"十二五"期间，武汉老年人口数量以年均5万人的速度急剧增加，尤其是在2014—2017年，老年人口数量每年分别递增约10万、8万、9万和6万。这些数据充分表明，武汉市正处在老年人口快速增长期。

（二）老龄化程度持续增加

目前，武汉市各区均已迈入老龄化社会。从老年人口占人口总量来看，每年相对上一年的老龄化程度均在逐渐加深。2017年底，在武汉市853.65万户籍总人口中，60岁以上老年人有178.85万，占武汉市户籍总人口20.95%，老龄化程度比上一年（20.72%）增长0.23%。老年人口数量比上一年增长6.1万，同比增长3.53%。2016—2017年武汉市各区老龄化程度如图4-4所示。

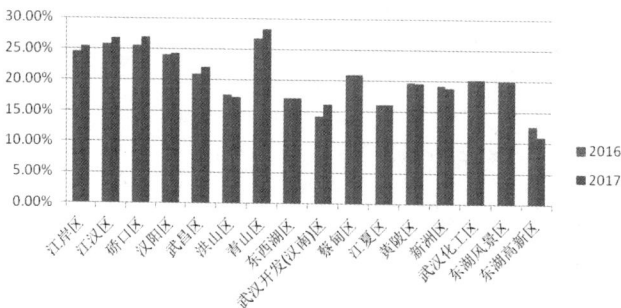

（数据来源：武汉市民政局网站）

图4-4　2016—2017年武汉市各区老龄化程度

从图4-4可见,在2016年和2017年,青山区老龄化程度都是最高的,且2017年(28.34%)比2016年(26.81%)增长了1.53个百分点。在2016年和2017年,青山区、硚口区、江汉区、江岸区、汉阳区、武昌区、蔡甸区、武汉化工区和东湖风景区9个区的老龄化程度均超过了20%,每5个人中就有1个老年人。除洪山区外的6个中心城区,老龄化程度远远高于新城区。

(三)高龄老人数量大、分布广

近年来,武汉市80岁以上高龄老人呈快速增长趋势。根据武汉市民政局统计数据,在2015年、2016年和2017年,武汉市下辖各区高龄老年人口占比均在10%以上。这意味着每10位老年人中至少有1位高龄老年人。此外,90岁以上长寿老人不断增加。在2015年,全市90岁以上长寿老人总数为2.78万人,比2014年同期增长9.88%。在2016年,全市90岁以上长寿老人总数为3.16万人,比2015年同期增长13.44%。高龄老年人经常面临体弱多病、失能失智或空巢等问题,由此产生的生活照料等机构养老服务需求越发凸显。

武汉市人口老龄化和高龄化程度加深,养老服务的刚性需求也随之不断增长。到2020年,老年人口会达到200万人,老年人口占总户籍人口比重将达到21%。同时,对养老产品和服务的需求将更加迫切,对养老保障和民生改善的要求会更高,对城市经济社会发展和管理提出了更大、更多的新挑战,也为内需拉动和就业扩大提供了新机遇。[①]

二、机构养老服务的供给

武汉市依据老年人群养老需求变化和社会发展实际,进行养老服务体系建设,使养老机构设施数量、养老床位总量、养老服务质量持续提升,初步形成了"以社会化为支撑强化社区养老、以市场化为依托发展机构养老"的多层次全方位的机构养老服务体系。

---

①武汉市人民政府.市人民政府关于印发武汉市社会养老服务体系建设规划(2011—2015年)的通知[EB/OL]. (2012-11-27) [2017-09-10]. http://www. wuhan. gov. cn/zwgk/xxgk/zfwj/szfwj/202003/t20200316_973713.shtml.

在"十一五"期间,武汉市逐步建立了各类机构养老相关的运营管理制度,养老床位数迅速增加。到2010年末,共有34 342张养老床位,232家养老机构。其中,15家城镇公办养老机构,130家城镇民办养老机构,87家农村福利院。对10 210位农村"五保"老人和1 959位城镇"三无老人"提供了自愿前提下的集中供养,实现了养老服务功能由"补缺"转向"适度普惠"。在"十二五"期间,养老床位数保持每年5 000张的增长速度,截至"十二五"末,全市拥有各类养老设施918处,其中城乡社区养老服务设施632处(包括社区居家服务中心及站512处、农村老年人互助照料中心120处)、养老机构286家(其中市区公办15家、社区养老院146家、社会办养老机构49家、农村福利院76家),总床位数6.1万张,每千名老人拥有床位37张,养老机构和床位数在15个副省级城市中位居前列。社会力量正逐渐成为武汉市养老机构举办、养老服务提供的主体。由社会力量兴办的养老机构达217家、养老床位数3万余张。医养融合得到快速发展,超过90%的养老机构与卫生服务机构签订了合作协议,30多家养老机构内设医疗机构或医疗服务点,46家基层医疗卫生机构共设立2 000多张老年康复床位。养老机构远程医疗政策试点等也得到快速发展。①

养老服务供给依然存在亟须解决的矛盾,例如,养老服务发展政策的完善、养老设施用房(用地)的保障、养老服务的财力投入以及养老服务人员的素质和待遇等问题。

三、机构养老服务的政府补贴

武汉市从2006年开始对社会办养老机构加以运营补贴,从2008年起对社会办养老机构实施建设补贴。自2006年以来,市、区两级财政支出共计3 800多万元运营补贴和2 000多万元建设补贴。从2009年起,所

---

① 武汉市人民政府. 市人民政府关于印发武汉市社会养老服务体系建设规划(2011—2015年)的通知[EB/OL]. (2012-11-27)[2017-09-10]. http://www. wuhan. gov. cn/zwgk/xxgk/zfwj/szfwj/202003/t20200316_973713. shtml.

实施的这两种补贴被纳入长效补贴机制。[①]

武汉市对各区 2010 年度内实质性开工兴建的公办养老机构,凡符合资助条件的项目,通过"以奖代补"的方式,对指定项目按照投资额度的 50% 给予一次性建设补贴。对农村福利院提档升级资金,采取乡镇(街道)自筹、区级配套解决、市级采取"以奖代补"的方式,按照定额给予适当补助,区级配套部分不得低于市级补贴额度。新、改、扩建社会办养老机构,对符合资助条件的新增床位,按照每张床位 3 000 元的标准给予一次性建设补贴;对运营正常、年检合格的社会办养老机构,可以获得市、区财政按 1∶1 比例配套发放的每人每月 100 元的运营补贴;对具有社会福利机构设置批准证书,并获得星级的社会办养老机构(市民政部门评定),实施奖励。[②]新建社区养老院,符合要求的,可以获得每张床位 4 000 元的一次性建设补贴;改建社区养老院,达到标准的,可获得 8 万元补贴;正常运营的社区养老院,符合要求的,可获得每张床位每月 200 元的运营补贴。市、区财政按照 4∶6 的比例配套提供这些补贴资金。[③]

2017 年,武汉市从以下几方面进一步对财政补贴政策加以完善。第一,老机构建设补贴对象及标准。政府投资建设的社区养老院,可以获得武汉市财政每张床位 8 000 元的补贴。获得养老机构设立许可并依法登记的社会办非营利性养老机构使用自有产权用房兴建的集中护养型床位,每张床位补贴 8 000 元;使用租赁用房兴建的集中护养型床位,每张床位补贴 5 000 元。建设补贴分三年按 4∶3∶3 的比例拨付。第二,老机构运营补贴对象及标准。对社会办非营利性养老机构,在正常运营、年检合格的前提下,依据老人实际入住床位数,按每张床位每月 200 元

①武汉市人民政府. 武汉市养老事业发展"十三五"规划(2016—2020 年)[EB/OL].
(2017-03-14)[2017-09-10]. http://www. wuhan. gov. cn/zwgk/xxgk/zfwj/szfwj/
202003/t20200316_973713.shtml.
②武汉市民政局. 市人民政府关于加快推进社会养老服务体系建设的意见[EB/OL].
(2015-08-28)[2017-09-10]. http://www.whmzj.gov.cn/News_View.aspxid=18374.
③武汉市人民政府. 市人民政府办公厅关于加快推进社区养老院建设的指导意见
[EB/OL]. (2014-03-25)[2017-09-10]. http://www. wuhan. gov. cn/hbgovinfo_47/
szfggxxml/zcfg/bgtwj/201611/t20161110_93162.html.

标准进行补贴,对失能老年人入住床位数,按每张床位每月300元标准进行补贴。对于经营性养老机构中失能老年人入住床位数,如果通过民政部门审核,则同样按每张床位每月300元标准进行补贴。第三,补贴资金的分担。市级和区级财政对建设补贴和运营补贴资金按4:6的比例分担,此外,各区可在此基础上,结合本区实际状况,对补贴标准进行提高。第四,同兴办主体享受同样政策。在武汉市建立各类养老机构的境外投资者与境内投资者,享有相同补贴待遇。第五,等级评定奖励。各类养老设施如果等级评定在三星级以上,武汉市财政就依据评定等级进行奖励,区财政可在市级奖励的基础上进行增加。第六,通过政府购买服务方式增加行业和岗位的吸引力。健全养老行业薪酬体制和调整机制,试行养老护理人员工资指导价,实施职业资格认证制度,从业两年以上并获得不同级别国家养老护理员职业资格证书的养老护理人员,可获得不同金额的一次性补贴,且从连续工作第三年开始,每年给予一定的岗位补贴。

四、调研设计和数据来源

本研究主要从公共资源配置的公平性程度、政府购买机构养老服务的效率以及机构养老服务质量三个维度对政府购买机构养老服务绩效进行研究,因此,分别从这三个方面展开调查研究和收集数据。依托国家社科基金项目"政府购买养老服务的绩效评价与机制优化研究"课题组以及湖北省养老机构协会的支持,先后对武汉市民政局、养老机构样本以及入住老人进行实地访谈和问卷调查,调研设计如图4-5所示。

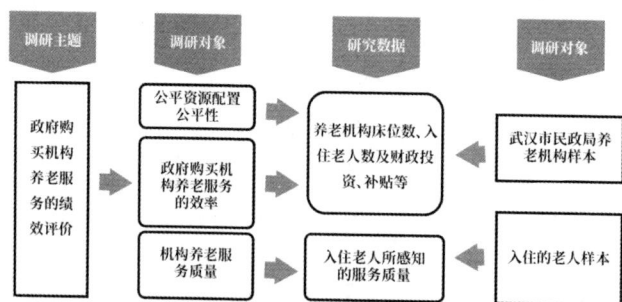

图4-5　调研设计

　　按照武汉市民政局统计数据,武汉市当时包括武昌区、江汉区、江岸区、硚口区、洪山区、汉阳区、青山区7个中心城区,东西湖区、蔡甸区、江夏区、黄陂区、新洲区5个新城区以及武汉开发(汉南)区、东湖生态旅游风景区、东湖技术开发区、武汉化工区共计16个区域。湖北省养老机构协会采取分层随机抽样的方法,从16个区域中抽选出6个区域,然后按照随机原则从各区域中抽取养老机构样本。调查内容主要包括六项:第一,养老机构基本信息,如机构性质、房地产性质、占地面积、建筑面积、注册登记时间和民政部门核定床位数等;第二,养老机构服务能力,如周边交通状况、机构功能设施、养老建设项目、管理制度和标准、三大竞争优势和面临最严峻三大问题等;第三,工作人员基本信息,如职务构成、学历结构、培训情况、持有专业资格证书情况等;第四,入住老人基本信息,如入住人数、自理能力等;第五,养老机构运营状况,如获得政府补贴及专项项目、收费标准、服务内容、服务数量等;第六,医养结合情况。根据调查数据完善程度和可靠性程度,纳入分析的样本共计50家武汉市养老机构,如表4-13所示。

表4-13　武汉市养老机构研究样本

机构编号	机构性质	核定床位数/张	机构入住老人/人	政府投资/元	政府补贴/元
1	公办公营	200	110	—	732 000
2	民办民营	1 312	371	—	890 400
3	公办公营	783	776	—	2 632 440
4	公办民营	36	31	2 000 000	74 400
5	民办民营	57	19	—	19 200
6	公办公营	62	32	—	19 200
7	民办民营	200	185	—	174 000
8	民办民营	200	91	10 000	927 200
9	民办民营	56	31	—	60 000
10	民办民营	50	40	—	91 200
11	民办民营	136	76	—	475 080
12	民办民营	130	60	—	90 000
13	公办民营	185	165	588 000	1 188 000

续表

机构编号	机构性质	核定床位数/张	机构入住老人/人	政府投资/元	政府补贴/元
14	民办民营	150	129	—	681 600
15	民办公补	199	95	—	252 000
16	民办公补	207	40	142 400	142 400
17	民办民营	160	96	—	288 000
18	民办民营	80	75	—	177 600
19	民办民营	80	83	320 000	376 000
20	民办公补	60	39	—	86 400
21	民办民营	50	39	96 000	96 000
22	公办民营	200	175	420 000	978 480
23	民办民营	175	81	700 000	129 600
24	公办公营	540	500	—	1 200 000
25	民办民营	70	66	400 000	478 000
26	民办民营	150	46	110 000	110 400
27	公办公营	160	153	—	384 000
28	公办公营	308	205	—	192 000
29	民办民营	41	30	—	162 100
30	公办公营	1 000	403	—	2 115 600
31	民办民营	124	119	—	884 290
32	民办民营	600	420	—	518 400
33	公办民营	76	76	—	182 400
34	民办民营	52	45	—	108 000
35	民办公补	107	102	—	373 000
36	民办民营	70	66	150 000	158 400
37	民办民营	147	140	441 000	147 600
38	民办民营	73	68	—	210 480
39	民办民营	100	90	320 000	344 000
40	民办民营	536	323	—	1 480 400
41	民办民营	198	152	—	352 800
42	公办民营	60	27	31 200	28 800
43	民办民营	50	30	300 000	304 000
44	民办民营	120	116	—	675 840

续表

机构编号	机构性质	核定床位数/张	机构入住老人/人	政府投资/元	政府补贴/元
45	民办民营	75	70	—	294 600
46	公办公营	50	48	—	40 800
47	民办民营	60	78	—	144 000
48	民办民营	90	87	—	340 200
49	公办民营	50	11	—	13 330
50	民办民营	130	92	1 077 800	303 600

在2017年6月至12月,我们采取问卷调查和访谈的形式,对武汉市50家养老机构进行了实地调查,关注机构养老的服务质量等问题。在每家养老机构随机选取2~3名入住老人进行问卷调查和访谈。在调查尺度上,SERVQUAL问卷采用的是李克特式量表的7点尺度法。但Berdie(1994)认为,5级量表是最为可靠的,如果备选项超过5级,一般人会难以分辨,导致问卷信度丧失。对老年人而言,7点尺度法更难以接受,调查信息的可靠性难以得到保证。因此,本研究问卷采用李克特5级量表,即分"十分不满意""不满意""一般""满意""十分满意"5个等级。

我们共发放问卷123份,根据回收问卷信息完整性及真实性等因素,剔除无效问卷21份。对数据进行整理后,最终以满足研究要求的102份样本作为本研究对象。Gorsuch认为,样本数与变量数的比例应超过5:1,超过10:1最佳。在本研究中,机构养老服务质量评价有5个指标变量,在调研访谈时共发放123份问卷,样本数与变量数的比例超过10:1。

在研究的样本中,男性50名,占总样本数的49%,女性52名,占总样本数的51%;年龄最小的有69岁,年龄最大的为92岁,平均年龄为79.92岁。69~79岁老人有42名,占样本总数的41.2%;80~89岁老人有56名,占样本总数的54.9%;90岁以上老人有4名,占样本总数的3.9%;主要集中在80~83岁,这一年龄段老人占总样本数的39.2%。

第五章 武汉市政府购买机构养老服务支出公平的评价

本章采用泰尔指数和基尼系数对武汉市政府购买机构养老服务的财政补贴、直接投资这两种主要支出形式的公平程度进行研究,然后,对武汉市政府购买机构养老服务支出在不同类型养老机构分布的公平程度进行度量和比较,并进一步根据泰尔系数的可分解性探讨公平程度差异的来源。

公平正义是社会主义的本质特征,是社会主义的基本价值取向(朱前鸿 等,2016)。只有有效地抓住社会公平,才能既增强社会经济发展的活力,又逐渐实现人人共享、普遍受益的社会发展的基本宗旨。因此,需要依法建立以"权利公平、机会公平、规则公平、分配公平"为主要内容的社会公平保障体系,既要维护起点公平、过程公平,又要实现分配结果的相对公平(朱前鸿 等,2016)。《老年人权益保障法》提出的"老有所养、老有所医、老有所为、老有所学、老有所乐"的目标,正是社会公平在养老服务领域的具体化,国家和社会应从我国国情出发,立足老年人法定权益保障和服务需求,健全保障老年人权益的制度,整合服务资源,拓展服务内容,坚持突出重点、适度普惠等基本原则,让老年人享受更多优质、便捷、公平、安全的优先、优惠服务。

在评价政府公共资源在养老服务方面配置公平时,大部分文献仅进行描述性分析,没有使用实际数据和适当工具进行量化研究。在收入分配公平度的测度方面,使用最为广泛的基尼系数法和泰尔指数法各具优缺点。本研究借鉴收入分配公平中常用的这两种方法对武汉市2016年机构养老公共资源配置的公平性加以研究,为政府部门在制定机构养老公共资源规划和实施配置时提供依据。

模型	变量	系数	t值	p值	模型汇总
	Bd	0.001	3.214	0.002	
	Yr	0.006	2.507	0.014	
模型七	Sc	3.269 E-4	2.933	0.004	R^2=0.618 F=21.702 Sig=0.000
	Abl	0.334	4.035	0.000	
	Ml	0.249	4.747	0.000	
	Tr	9.867E-5	1.819	0.072	
	Bd	0.001	2.853	0.005	
	Yr	0.007	2.811	0.006	
	Hos	0.126	1.835	0.070	
模型八	Sc	0.001	3.284	0.001	R^2=0.630 F=19.753 Sig=0.000
	Abl	0.334	4.082	0.000	
	Ml	0.252	4.848	0.000	
	Tr	1.148 E-4	2.106	0.038	
	Bd	0.001	3.173	0.002	
	Yr	0.006	2.645	0.010	
	Hos	0.128	1.878	0.064	
	Ar	−1.477E-5	−1.718	0.089	

注：p≤0.10；p≤0.05；p≤0.01。各模型常量没有在表中列出。

从表7-13可以看出，八个模型均有一定比例的被研究变量的方差得到解释，样本决定系数均在0.001水平上，具有统计显著性，对机构养老服务质量具有一定的解释能力。从模型八可以看出，老人年龄、机构性质、养老建筑面积、平均收费价格、政府投资五个变量与其他变量之间存在多重共线，因此剔除这五个影响因素，最终影响机构养老服务质量的因素为八个变量：老年人的性别和自理能力；养老机构的占地面积、营运年限、床位规模、年培训人次以及是否拥有自有医院；政府对机构的补贴床位数等。该模型的综合解释程度为63%，有较好的拟合度。

从模型中可以看出：第一，老人自身特征因素方面，在控制其他变量条件下，男性对机构养老服务质量评价平均比女性高0.252，有完全自理能力的老人对机构养老服务质量的评价平均比半自理的老人高 0.334。第二，养老机构特征因素方面，营运年限对机构养老服务质量具有显著的正向影响，在控制其他变量条件下，每增加一年营运时间，机构养老服务质量评价综合得分会提高 0.006；床位规模对机构养老服务质量具有显著的正向影响，在控制其他变量条件下，每增加一个床位，机构养老服务质量评价综合得分会提高 0.001；养老机构对人力资源开发重视的程度对机构养老服务质量具有显著的正向影响，在控制其他变量条件下，每增加一次培训，机构养老服务质量评价综合得分会提高 0.000 115；养老机构是否拥有自有医院对机构养老服务质量有显著影响，在控制其他变量条件下，拥有自有医院的养老机构比没有自有医院的养老机构养老服务质量平均综合质量得分高 0.128。但是，在所有因素中，占地面积对机构养老服务质量具有显著的负向影响，在控制其他变量条件下，每增加一平方米占地面积，机构养老服务质量评价综合得分会降低 0.000 014 8。第三，政府支持方面，政府对养老机构的床位补贴对机构养老服务质量具有显著的正向影响，在控制其他变量条件下，每增加一个补贴床位数，机构养老服务质量评价综合得分会提高 0.001。

第四节 结论与讨论

武汉市机构养老服务质量评价结果显示，养老机构在设备设施、居室环境等硬件建设方面表现较佳，获得较高评价，而在可靠性方面表现不足。武汉市机构养老服务质量在可靠性、保证性和有形性方面存在较大差异，各养老机构服务质量存在较大差异，得分最低的后三位养老机构比排名前三的养老机构综合得分少 65%。养老机构服务质量总体情况不高，50 家中有 58%（29 家）的养老机构养老服务质量得分低于总体平均水平。

就不同性质养老机构的服务质量而言，表现最佳的是公办公营类养老机构,最差的是民办公补类机构,后者比前者得分少20.27%。但是,公办公营类养老机构组内差异比其他类差异大。公办类养老机构整体上与民办养老机构并无明显差异。

就不同规模养老机构服务质量而言,服务质量由优到劣依次为大型养老机构、中型养老机构、微型养老机构、小型养老机构。表现最佳的是大型养老机构,最差的是小型养老机构,微型养老机构和中型养老机构服务质量差异不大。但是,服务质量表现最好的大型养老机构组内差异比其他类组内差异大。

不同行政区域养老机构服务质量差异不大,服务质量综合得分最高的江夏区比得分最低的江岸区高0.219。

一元单因素方差分析和Pearson相关分析法所得结果显示,性别、年龄、自理能力等老人自身特征与机构养老服务质量相关性显著;养老机构的性质、入住率、平均收费价格以及"是否在中心城区"这一地理环境对养老服务质量影响不显著。政府投入中的政府补贴与机构养老服务质量相关性也不显著。养老机构床位规模、环境(占地面积、建筑面积)、入住情况(入住率)、人力资源开发力度(年培训人次)、营运年限、是否拥有自有医院等养老机构特征与机构养老服务质量相关性十分显著;政府对机构养老的直接投资和补贴床位数与机构养老服务质量相关性显著。年龄和政府直接投资与因变量呈负相关,且显著。

第八章 研究结论与对策建议

本章对政府购买机构养老支出的总体绩效进行评价,对本研究主要研究结论进行归纳,提出相关的对策建议。

第一节 主要研究结论

一、政府购买机构养老服务资源配置的公平

采用泰尔指数和基尼系数两种方法对武汉市在政府购买机构养老服务过程中的资源配置公平程度进行研究。结果显示,政府对各养老机构购买养老服务支出总体差异性较大,公平性程度较低。从政府购买方式来看,采取财政补贴的方式公平程度较高,而直接投资的公平程度较低。依据基尼系数,就政府对不同类型养老机构购买养老服务的公平性程度,由高到低排序的结果是:民办公补>公办公营>民办民营>公办民营;非中心城区>中心城区;微型>小型>中型>大型;江岸区>新洲区>江夏区>武昌区>江汉区>青山区。其中,公办民营类养老机构、中心城区养老机构、大型养老机构、青山区养老机构的公平程度较低。从泰尔指数分解的贡献率来看,政府购买机构养老服务过程中的资源配置公平性程度的差异主要源于组内差异,即各行政区域内部资源配置差异。

二、政府购买机构养老服务的效率

使用DEA评价方法对武汉市政府购买机构养老服务效率进行分析,结果发现,整体上武汉市政府购买机构养老服务的综合技术效率处于较高水平,尤其是纯技术效率值,均超过0.9,而且各区之间的差异性不明

显。中心城区购买机构养老服务的综合技术效率比非中心城区低,这意味着政府购买养老服务的效率与经济发展和政府投入并不一定成正比。在6个行政区中,两个区政府购买机构养老服务的投入与产出达到相对最优,两个区处于弱DEA有效,两个区处于非DEA有效状态,66.67%的投入资源没有得到充分利用。就规模报酬状态而言,在6个行政区中,规模报酬不变的有两个区,政府购买机构养老服务的效率达到最优,投入与产出同比例增加;规模报酬递增的有1个区,产出增加比例高于投入增加比例,可增加现有投入规模;规模报酬递减的有3个区,投入增加比例要大于产出增长比例,应适当控制投入。

在规模报酬不变的情况下,弱DEA有效和非DEA有效的决策单元共计4个。这4个区政府购买机构养老服务的年财政支出均不存在投入冗余。产出方面,机构养老床位数不存在产出不足,而江岸区各区机构养老入住老人需要增加297人。若要实现DEA有效,4个决策单元在政府购买机构养老服务支出方面均需减少。

在规模报酬可变的情况下,在弱DEA有效和非DEA有效的决策单元中,纯技术效率小于1的占33.33%。这两个区在政府购买机构养老服务支出方面不存在投入冗余。产出指标"机构养老床位数"不存在产出不足,而"机构养老入住老人数量"表明江岸区需增加机构养老入住老人301人,即在原来基础上增加47.18%。若要实现DEA有效,江岸区和江汉区应在原来投入基础上减少7.02%、14.33%。

三、政府购买机构养老服务支出与机构养老服务质量

武汉市机构养老服务质量评价的研究结果显示:养老机构在设备和设施、居室环境等硬件建设方面表现较佳,获得较高评价,而养老机构在可靠性方面表现不足;而且,武汉市机构养老服务质量在可靠性、保证性和有形性方面存在较大差异。各养老机构服务质量存在较大差异,得分最低的后三位养老机构比排名前三的养老机构综合得分少65%。养老机构服务质量总体情况不高,50家中有58%(29家)的养老机构养老服务质量得分低于总体平均水平。

就不同类型养老机构而言,公办公营类和大型养老机构服务质量表

现最好,聚类分析的结果显示,大部分养老机构服务质量表现良好和一般;在江汉区、江夏区和新洲区的服务质量优秀养老机构占比超过平均水平。

相关分析法所得结果显示,性别、年龄、自理能力等老人自身特征与机构养老服务质量相关性显著;在政府购买机构养老服务支出中,政府补贴与机构养老服务质量相关性不显著,政府直接投资和补贴床位数与机构养老服务质量相关性显著,政府直接投资与因变量呈负相关,且显著。

逐步回归结果显示,在政府购买机构养老服务支出中,政府对养老机构的床位补贴对机构养老服务质量具有显著的正向影响,在控制其他变量条件下,每增加一个补贴床位数,机构养老服务质量评价综合得分会提高0.001。

四、政府购买机构养老服务绩效的总体评价

(一)Z-score标准化方法及标准化得分

不同评估指标的计量单位和指标数值的数量级存在较大差异,不能直接比较原始分值。为了便于综合分析,将原始分值进行标准化,然后,对标准化后的标准得分进行比较分析。

本研究选择普遍使用的Z-score标准化方法对原始分值进行标准化。Z-score标准化方法是把样本原始观测值和该样本均值之差除以该样本的标准差,得到的度量为标准得分(Standard Score,又称Z-score)。

经过Z-score标准化后,各项指标得分的均值都为0,标准误差为1,消除了计量单位和数量级的影响,可以进行比较。标准化后的数据虽然总的尺度和位置都改变了,但是数据内部点的相对位置并没有发生变化。[1]

在本研究中,标准化得分为0表示平均水平,得分为正表示高于平均水平,得分为负表示低于平均水平。

(二)公平指标得分的转化处理

基尼系数和泰尔指数越高,意味着公平性程度越低。在机构养老财

---

[1]财政部社会保障司,中南财经政法大学. 世界银行中国经济改革实施项目:就业支出绩效评估研究(2003—2006)[M]. 北京:经济科学出版社,2010:86-87.

政支出绩效的总体评价研究中,对公平性程度指标基尼系数和泰尔指数进行转化处理,将基尼系数和泰尔指数得分乘以"–1",变成负值,然后计算经变换后的指标的标准化得分。经过这样的转化处理,公平性程度指标的标准得分符合通常评估的含义:标准化得分越高,公平性程度越高。

(三)综合指标得分权重的确定

对多指标进行综合评价需要计算出综合指标得分,综合指标得分的计算方法通常采用加权评价法进行计算。本研究邀请了9位相关领域专家对"公平""效率""服务质量"三项一级指标进行赋权,根据评估的逻辑(越接近结果的指标权数应赋值越高),最后选用专家赋权权数的中位数为赋权的依据,因为中位数是位置平均数,不易受极端值影响,比均值更稳健。这种赋权方法操作比德尔菲法简单,具有与德尔菲法相似的优缺点。其优点是集中了众多专家的意见,缺点是通过打分直接给出各指标权重,不够客观。9位专家包括民政部门工作人员、养老机构管理者和养老服务领域学者,各3名。因不同类别专家的赋权倾向有所不同,为了综合不同类别专家赋权数据,也为了保证权重系数加总为1,需要对不同类专家赋权值进行再次加权综合,进而得出最终的总体赋权数据。为了降低不同类别专家赋权倾向的影响,按照各方意见完全平等的评价思路,各类专家赋权加权方案为每类各1/3。最后,"公平""效率""服务质量"三项一级指标权重系数分别确定为0.3、0.3和0.4。[1]

(四)武汉市各区政府购买机构养老服务绩效的比较

政府购买机构养老服务的总体绩效,按照行政区域不同来进行分类比较来看,表现最好的是江夏区。在四类养老机构中,江夏区在"公平""效率"和"服务质量"单项标准化得分均为正值,高于平均水平,而且在服务效率和服务质量方面远远高于其他行政区域养老机构。因此,江夏区养老机构"公平""效率"和"服务质量"三项综合得分排第一位。江汉区的"服务质量"得分虽然仅次于表现最好的江夏区,但其"公平"和"效率"单项标准化得分均为负值,意味着在这两个方面的绩效表现均处于

---

[1]财政部社会保障司,中南财经政法大学. 就业支出绩效评估研究(2003—2006)[M].
北京:经济科学出版社,2010:62.

最低水平,而且和其他行政区存在较大差距,最终导致江汉区政府购买机构养老服务的综合绩效排在最后,远低于其他区。和江汉区综合绩效综合得分相近的是江岸区,江岸区的绩效在"效率"和"服务质量"这两项标准化得分为负值。从表8-1和图8-1的雷达图中可以很直观地看到,青山区、江岸区和江汉区的综合绩效得分为负值,低于平均水平,而且,青山区和江汉区的综合绩效得分和其他区综合绩效得分差距较大。就政府购买机构养老服务绩效整体而言,由优到劣依次为江夏区、新洲区、武昌区、青山区、江岸区、江汉区。

表 8-1　不同行政区域政府购买机构养老服务绩效的综合得分

行政区域	公平		效率		服务质量		综合得分	排序
	泰尔指数	Z-score	综合技术效率	Z-score	因子综合得分	Z-score	Z-score	
江夏区	-0.247	0.097	1.000	0.800	2.725	1.384	0.823	1
新洲区	-0.19	0.590	1.000	0.800	2.590	0.198	0.496	2
武昌区	-0.257	0.010	0.977	0.398	2.595	0.242	0.219	3
青山区	-0.290	-0.267	0.969	0.259	2.514	-0.470	-0.190	4
江岸区	-0.109	1.281	0.929	-0.439	2.381	-1.639	-0.403	5
江汉区	-0.459	-1.712	0.850	-1.817	2.600	0.286	-0.944	6

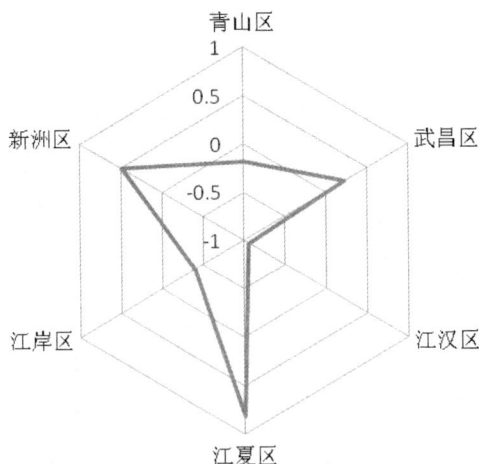

图 8-1　不同行政区域政府购买机构养老服务绩效的综合得分的比较

第二节 对策建议

一、提高政府购买机构养老服务支出资源配置的有效性

(一)资源配置对象的均衡:公办与民办

1.鼓励社会办养老机构,提高政府购买的效率和效果

养老机构性质对机构养老服务质量的影响并不显著。公办养老机构尽管拥有较多公共资源,但所提供养老服务的质量并不必然优于社会办养老机构。因此,政府在养老服务供给侧应处理好政府与市场、社会的关系,推进养老服务领域"放管服"改革,做好养老机构管办分离工作,避免直接运营养老机构(刘柏惠 等,2016),从而提高财政投入的效率。另外,政府做好现有公办养老机构和社会办养老机构之间的公共财政资源配置,给社会办养老机构更多的发展机会和财政投入方面的支持。武汉市现有养老床位,离发达国家千名老年人拥有养老床位数 50~70 张的下限还有较大差距。就目前机构养老政策来看,政府在公办类养老机构人员、资金、资源等方面投入较多。政府应鼓励不同性质养老机构进入养老服务领域,有利于缓解机构养老供需矛盾。政府应加强政策指导、资金支持、市场培育和监督管理,充分调动社会各方面力量积极参与养老服务事业发展,激发各类市场主体活力,甚至对于公办类养老机构"兜底"的城镇"三无"老人和农村"五保"老人保障,也可以转包给民办养老机构,对提供相同服务民办养老机构可提供与公办养老机构同等的补贴。同时,推动公办养老机构改革,公办机构也可以面向全社会老人提供代养服务。鼓励社会资本通过独资、合资、合作、联营、参股、租赁等多种方式,参与公办养老机构改革。

2.对于同一性质的养老机构内部进行资源配置也应体现公平

根据机构性质划分的武汉市政府购买机构养老支出的泰尔指数分解的贡献率,组内泰尔指数贡献率较高,仅为77.72%,意味着政府购买机

构养老支出的公平程度差异主要来源于组内差异,尤其是公办民营类养老机构。

(二)资源配置的依据:规模标准向质量标准转变

养老机构规模对机构养老服务质量的调节作用并不显著。因此,政府部门在进行公共资源配置时对规模不同的养老机构应该公平对待,应鼓励不同规模的养老机构因地制宜,稳步发展,不必追求大而全。同时,政府采取"以奖代补"的方式对养老机构开展星级评定时,应侧重于对服务质量的评价,而不是将规模作为首要门槛。近年来,养老机构数量迅速增加,而服务质量并没有得到明显改善。实现规模标准向质量标准转变,也是现阶段养老机构从规模化扩张向内涵式发展的要求。

(三)政府购买方式:直接投资向财政补贴转变

政府购买机构养老服务的方式主要有直接投资与财政补贴。在政府投入中,政府直接投资与服务质量呈负相关,且显著,原因可能在于政府的直接投资使养老机构将主要的精力放在基础设施建设等方面,在提高养老服务质量方面的资源和精力受到一定限制。这需要政府转变对养老机构的支持方式,由政府直接投资转变成补贴方式。例如,员工培训对提高养老服务质量具有显著的正向促进作用,可以将直接投资的一定比例转变成培训补贴。作为政府对养老机构补贴的主要方式,床位补贴对机构养老服务质量具有显著的正向影响,在控制其他变量的条件下,每增加一个补贴床位数,机构养老服务质量评价综合得分会提高0.001。因此,政府可以将直接投资的一定比例转化成床位补贴形式,由"补砖头"向"补床头"转变,增强床位补贴力度,促进服务质量的提高。同时,床位补贴也可以采取补贴需方的形式,既增强入住老人的获得感,也促进养老服务行业良性竞争,提高机构养老服务质量。

二、"补专业人头",建立人才培训制度

政府除了关注机构养老的硬件设施,更应该重视机构养老的软实力,尤其是机构养老服务人力资源的开发,通过"补专业人头"激发养老护理人员爱岗敬业和自我提升。养老机构对人力资源开发重视的程度

对机构养老服务质量具有显著的正向影响。现阶段,养老机构存在一些共性的问题,使老年人难以享受到高质量的服务:工作人员素质低、待遇低、难招聘、年龄偏大、专业能力不足(孔海娥 等,2012)。这也和实地访谈时所有养老机构负责人反映的护理人才流失严重和人手短缺状况一致。现阶段,这些问题成为机构养老服务进一步发展的制约因素。这就需要政府对机构养老投入方向进行调整:在供给侧,聚焦于提高工作人员待遇和加强人员培训。一方面,从薪资待遇角度入手,对养老护理人员按照护理等级、资质发放政府补贴,通过"补专业人头"激发养老护理人员爱岗敬业和自我提升;另一方面,建立长效的教育培训制度,发展养老护理服务专业或方向的全日制学历教育和在职培训。

三、养老机构内部资源配置的改进

作为养老机构,相互之间具有差异性,需要结合自身实际探索差异化的资源配置和养老机构管理模式,需要针对客户需求变化,结合自身实际探索改进服务质量和效率的途径,实现提质增效的目标。

(一)基于需求侧的养老机构改进

性别、年龄、自理能力等老人自身特征与机构养老服务质量相关性显著。对于机构养老服务质量评价,女性平均比男性低,年龄较高老人平均比年龄较低老人低,半自理能力老人平均比完全自理的低。原因可能在于女性在生活质量要求方面一般比男性高,年龄较高的老人对个性化服务要求更多,自理能力差的老人可能需要更多、更细的服务。这也意味着,武汉市机构养老在提供基本设施设备、提供基本养老服务方面基本能够满足老人需求,但是在多元化、个性化服务方面存在不足。在满足了住宿等基本需求后,养老机构提供多元化服务的能力对老人生活质量有重要影响。

针对老人需求的多元化和个性化,养老机构应继续在设备设施、居室环境等硬件建设方面保持良好表现,在可靠性方面加以改进。

(二)基于供给侧的养老机构改进

养老机构床位规模、环境(占地面积、建筑面积)、入住情况(入住率）、人力资源开发力度（年培训人次）、营运年限、是否拥有自有医院等养老机构特征与机构养老服务质量相关性十分显著。这为养老机构提高养老服务质量提供了供给侧结构性改革的思路。在改善养老机构环境方面，占地面积在回归分析中与服务质量呈负相关，建筑面积在相关分析中与服务质量呈正相关。而养老机构室内居住环境，对老人居住感知服务质量很重要。因此，养老机构不能因为占地面积耗费太多资源。另外，要根据实际情况扩大建筑面积，改善室内居住环境。就床位规模而言，基于当地老人需求，增加床位供给，同时提高入住率。重视对养老机构人力资源的开发，增加对工作人员，培训的力度。素质过硬、技术娴熟的工作人员是提高服务质量的保障。营运年限之所以和养老服务质量呈正相关，很大程度上是因为营业年限较长的养老机构，管理更加规范，员工操作更加熟练，并且积累了良好口碑，产生了品牌效应。因此，需要养老机构树立品牌意识，建立可持续发展战略。自有医院为老人提供了医养结合的条件，拥有自有医院的养老机构比没有自有医院的养老机构养老服务质量平均综合质量得分高0.128。因此，养老机构可以从合格的医务室起步，逐步建立自有医院，或者采取和附近医院合作的方式，为医养结合创造条件。

参考文献

[1]包国宪,李一男.澳大利亚政府绩效评价实践的最新进展[J].中国行政管理,2011(10):95-99.

[2]包国宪,刘红芹.政府购买居家养老服务的绩效评价研究[J].广东社会科学,2012(2):15-22.

[3]财政部社会保障司,中南财经政法大学.就业支出绩效评估研究(2003—2006)[M].北京:经济科学出版社,2010.

[4]蔡中华,王一帆,董广巍.城市社区养老服务质量评价:基于粗糙集方法的数据挖掘[J].人口与经济,2016(4):82-90.

[5]曹侃华.澳大利亚养老护理的发展概况[J].中华护理教育,2017(2):146-150.

[6]常江.美国政府购买服务制度及其启示[J].政治与法律,2014(1):153-160.

[7]陈丽,冯晓霞.澳大利亚养老护理模式及对我国老年护理发展的思考[J].海南医学,2012,23(10):146-148.

[8]陈诗一,张军.中国地方政府财政支出效率研究:1978—2005[J].中国社会科学,2008(4):65-78.

[9]陈振明,李德国.基本公共服务的均等化与有效供给:基于福建省的思考[J].中国行政管理,2011(1):48.

[10]褚昭伟.教育公平类别的精细划分与义务教育公共服务的精准提供[J].教育理论与实践,2018(22):21-25.

[11]丁华,徐永德.北京市社会办养老院入住老人生活状况及满意度调查分析[J].北京社会科学,2007(3):15-20.

[12]丁宁宁.为了整个社会的尊严和稳定:澳大利亚养老保障体制考察报告[J].管理世界,2001(5):64-69.

[13]丁彦琳.成都市社区微型养老机构服务质量评价研究[D].成都:西南交通大学,2017:35-37.

[14]丁志宏,曲嘉瑶.中国社区居家养老服务均等化研究:基于有照料需求老年人的分析[J].人口学刊,2019(2):87-99.

[15]杜鹏,谢立黎.中国老年公平问题:现状、成因与对策[J].中国人民大学学报,2017(2):90-96.

[16]樊丽明,石绍宾.公共品供给机制:作用边界变迁及影响因素[J].当代经济科学,2006(1):63-68.

[17]范柏乃,余有贤.澳大利亚的政府服务绩效评估及对我国的启示[J].行政与法,2006(2):6-8.

[18]封婷,肖东霞,郑真真.中国老年照料劳动力需求的估计与预测:来自澳大利亚的经验[J].劳动经济研究,2016(4):27-52.

[19]冯占联,詹合英,关信平,等.中国城市养老机构的兴起:发展与公平问题[J].人口与发展,2012,18(6):16-23.

[20]高岩,李玲.机构养老服务研究文献综述[J].劳动保障世界(理论版),2011(7):47-49.

[21]高春兰,班娟.民间养老机构服务现状调查与对策思考[J].长春理工大学学报(哲学社会科学版),2013,26(1):45-48.

[22]龚晓允.制度效率与经济效率比较分析[J].延安大学学报,

2005，27(1):64-66.

　[23]贡森,葛延风,等.福利体制和社会政策的国际比较[M].北京:
中国发展出版社,2012.

　[24]关信平.当前我国社会保障制度公平性分析[J].苏州大学学
报(哲学社会科学版),2013(3):1-9.

　[25]郭红艳,彭嘉琳,雷洋,等.美国养老机构服务质量评价的特点
及启示[J].中华护理杂志,2013,48(7):652-654.

　[26]国务院发展研究中心赴澳考察团.澳大利亚养老保障经验与启
示[N].中国老年报,2001-08-20(3).

　[27]韩华为,苗艳青.地方政府卫生支出效率核算及影响因素实证
研究:以中国31个省份面板数据为依据的DEA-Tobit分析[J].财经研
究,2010,36(5):5-16.

　[28]韩俊魁.当前我国非政府组织参与政府购买的模式比较[J].
经济社会制度比较,2009(6):128-134.

　[29]韩丽荣,盛金,高瑜彬.日本政府购买公共服务制度评析[J].
现代日本经济,2013(2):15-21.

　[30]韩雪梅,贾登勋.甘肃省卫生资源配置公平性的实证分析[J].
兰州大学学报(社会科学版),2013,41(6):90-96.

　[31]何建华.经济正义论[M].上海:上海人民出版社,2004.

　[32]何建华.社会公平:构建社会主义和谐社会的伦理基础[J].伦
理学研究,2007(5):9-13.

　[33]胡薇.购买服务还是政府资助:政府向社会组织购买服务的实
践含义[J].北京科技大学学报(社会科学版),2013,29(4):91-94.

　[34]黄佳豪.地方政府购买居家养老服务评估研究:以合肥为例
[J].理论与改革,2016(2):98-101.

[35]吉鹏,李放.政府购买城市社区养老服务效率评价:基于江苏省三市数据的分析[J].城市问题,2016(10):84-88.

[36]吉鹏,李放.政府购买居家养老服务的绩效评价:实践探索与指标体系建构[J].理论与改革,2013(3):104-107.

[37]吉鹏,李放.政府购买养老服务绩效内涵界定与评价模型构建[J].广西社会科学,2017(11):130-135.

[38]吉鹏.社会养老服务供给主体间关系解析:基于委托代理理论的视角[J].社会科学战线,2013(6):184-189.

[39]贾康.论分配问题上的政府责任与政策理性:从区分"公平"与"均平"说起[J].经济与管理研究,2007(2):11-15.

[40]贾生华,陈宏辉.利益相关者的界定方法述评[J].外国经济与管理,2002,24(5):13-18.

[41]贾西津,苏明,韩俊魁,等.中国政府购买公共服务研究终期报告[R].亚洲开发银行,2009.

[42]景天魁.底线公平概念和指标体系:关于社会保障基础理论的探讨[J].哈尔滨工业大学学报(社会科学版),2013,15(1):21-34.

[43]敬义嘉,胡业飞.政府购买服务的比较效率:基于公共性的理论框架与实证检验[J].公共行政评论,2018(3):137-161.

[44]康蕊,吕学静.政府购买服务视角下养老机构公办民营建设研究[J].广西社会科学,2016(2):130-134.

[45]孔海娥,李雯.武汉市养老机构现状、问题及对策研究:基于武汉市7家养老机构的调查[J].长江大学学报(社会科学版),2012(2):40-42.

[46]李虹.澳大利亚的家庭老年护理服务与我国养老服务体系的建立和完善[J].医院管理论坛,2004(8):52-56.

[47]李娟. 南京市城市养老机构服务质量及其影响因素[J]. 中国老年学杂志,2013,33(19):85-87.

[48]李锐,黄金鹏,赵曼. 市场"效率"与政府"公平"的协同:基于积极劳动力市场项目第三方评估机制研究[J]. 财贸经济,2015(3):150-161.

[49]李晓燕. 从健康水平、服务利用和筹资视角看新农合制度公平性:基于黑龙江省的实证分析[J]. 中国人口科学,2009(3):96-102.

[50]厉飞芹. 民营养老机构服务氛围、情感劳动与服务质量的关系研究:基于杭州地区的调查[D]. 杭州:浙江工商大学,2013.

[51]梁祝昕,陈涛. 民营养老机构服务质量现状分析与完善:基于RATER 指数的视角[J]. 中国老年学杂志,2014,34(7):2014-2015.

[52]廖楚晖,甘炜,陈娟. 中国一线城市社区居家养老服务质量评价[J]. 中南财经政法大学学报,2014(2):46-50.

[53]林卡,朱浩. 应对老龄化社会的挑战:中国养老服务政策目标定位的演化[J]. 山东社会科学,2014(2):66-70.

[54]刘芸. 公平与共享:我国养老保障体系的失衡性剖析与制度调整[J]. 温州大学学报(社会科学版),2017,30(2):24-37.

[55]刘柏惠. 养老服务体系的国际比较与可行选择[J]. 改革,2016(4):124-133.

[56]刘红芹,刘强. 居家养老服务的制度安排与政府角色担当[J]. 改革,2012(3):66-71.

[57]刘红芹. 政府购买居家养老服务的绩效研究[D]. 兰州:兰州大学,2012:10-12.

[58]刘振亚,唐滔,杨武. 省级财政支出效率的 DEA 评价[J]. 经济理论与经济管理,2009(7):50-56.

[59]娄峥嵘.我国公共服务财政支出效率研究[D].徐州:中国矿业大学,2008:12-15.

[60]罗观翠.政府购买服务的香港经验和内地发展探讨[J].学习与实践,2008(09):125-130.

[61]马作宽.组织绩效管理[M].北京:中国经济出版社,2009:7-8.

[62]蒙丽珍.转移支付分析比较及选择[M].大连:东北财经大学出版社,1996:35-39.

[63]倪东生,张艳芳.养老服务供求失衡背景下中国政府购买养老服务政策研究[J].中央财经大学学报,2015(11):3-13.

[64]钱海燕,沈飞.地方政府购买服务的财政支出效率评价:以合肥市政府购买居家养老服务为例[J].财政研究,2014(10):64-67.

[65]秦坤.澳大利亚老年健康保障体系的特点及启示[J].北京行政学院学报,2012(06):98-101.

[66]秦利,孙继祥.基于模糊综合评价模型的伊春林区养老机构服务质量评价分析[J].林业经济,2016(4):24-27.

[67]青连斌:政府兜底和养老机构定位职能要精准到位[J].中国党政干部论坛,2015(12):64.

[68]任伟.澳大利亚的社区老年服务[J].中国社会保障,2002(4):25.

[69]申曙光,孙健,刘巧,等.新型农村合作医疗制度公平性研究:以广东省为例[J].人口与经济,2009(5):84-90.

[70]史耀疆,崔瑜.公民公平观及其对社会公平评价和生活满意度影响分析[J].管理世界,2006(10):39-49.

[71]宋乃庆,马恋.义务教育财政支出均等化的实证研究:重庆的例证[J].教育与经济,2016(1):68-74.

[72]孙成龙. 我国地方政府民生支出效率评价:基于 DEA 的实证研究[J]. 经济论坛,2014(7):118-122.

[73]孙敬水,赵倩倩. 中国收入分配公平测度研究:基于东中西部地区面板数据的比较分析[J]. 财经论丛,2017(2):18-27.

[74]田北海,钟涨宝,徐燕. 福利院老人生活满意度及其影响因素的实证研究:基于湖北省的调查[J]. 学习与实践,2010(3):108-115.

[75]王成,丁社教. 政府购买居家养老服务质量评价:多维内涵、指标构建与实例应用[J]. 人口与经济,2018(4):12-20.

[76]王名,乐园. 中国民间组织参与公共服务购买的模式分析[J]. 中共浙江省委党校学报,2008(4):5-13.

[77]王鸿春. 健康城市蓝皮书:北京健康城市建设研究报告[M]. 北京:社会科学文献出版社,2015:48-52.

[78]王欢明,诸大建. 基于效率、回应性、公平的公共服务绩效评价:以上海市公共汽车交通的服务绩效为例[J]. 软科学,2010,24(7):1-5.

[79]王丽芳. 日本养老服务评价制度及其对我国养老服务事业的启示[J]. 肇庆学院学报,2010,31(4):36-40.

[80]王浦劬,萨拉蒙,等. 政府向社会组织购买公共服务研究:中国与全球经验分析[M]. 北京:北京大学出版社,2010.

[81]王世军,薛宏. 民办养老院老人生活满意度研究[J]. 人口与经济,2006(S1):135-142.

[82]王艳萍,朱凤哲. 中国社会养老保险制度的公平性分析[J]. 税务与经济,2011(4):57.

[83]王裔艳. 澳大利亚、加拿大和英国居家服务比较研究[J]. 人口与发展,2016(5):105-112.

[84]王裔艳.澳大利亚居家服务体系研究[J].人口与发展,2011(5):87-95.

[85]王增文.财政主体对社会保障及服务的资源配置绩效评价[J].中国人口•资源与环境,2012(11):144-149.

[86]魏中龙,王小艺,孙剑文,等.政府购买服务效率评价研究[J].广东商学院学报,2010,25(5):21-25.

[87]乌丹星.谁在为澳大利亚老人提供服务[N].中国房地产报,2012-09-13(B7).

[88]夏涛.政府购买机构养老服务下多方参与的演化博弈研究[J].西北人口,2019(2):59-68.

[89]肖美莲.澳大利亚养老院护理工作见闻及借鉴[J].护理学报,2011,18(2A):22-24.

[90]徐金灿,马谋超,陈毅文.服务质量的研究综述[J].心理科学进展,2002,10(2):233-239.

[91]徐梦秋:公平的类别与公平中的比例[J].中国社会科学,2001(1):35-43.

[92]徐阳光.财政转移支付法的公平正义理念解读[J].社会科学,2008(1):104-110.

[93]徐祖荣.民办养老机构发展的问题表达与策略选择:基于杭州的经验[J].武汉科技大学学报(社会科学版),2014,16(3):298-308.

[94]许莉,万春,周东良.小城镇公共服务配置:现状、问题与对策[J].江西师范大学学报(哲学社会科学版),2015,48(3):110-119.

[95]易承志.政府向社会组织购买服务相关问题研究:基于组织功能比较优势的视角•以上海市为例[J].太平洋学报,2012,20(1):73-82.

[96]于骁骁.美国政府购买居家养老服务的经验[N].中国政府采

购报,2015-12-08(4).

[97]俞可平.重新思考平等、公平和正义[J].学术月刊,2017,49(4):5-14.

[98]郁建兴,瞿志远.公私合作伙伴中的主体间关系:基于两个居家养老服务案例的研究[J].经济社会体制比较,2011(4):109-117.

[99]允春喜,陈兴旺.公共服务均等化:现代政府不可推卸的道德责任[J].东北大学学报(社会科学版),2010,12(4):339-342.

[100]詹颖,万志宏.关于公办民营学校所有制改革的思考[J].教育探索,2002(10):105-106.

[101]张迤英,王辰尧.我国政府购买机构养老服务的政策分析[J].经济体制改革,2012(2):21-25.

[102]张汝立,陈书洁.西方发达国家政府购买社会公共服务的经验和教训[J].中国行政管理,2010(11):98-102.

[103]章晓懿,刘帮成.社区居家养老服务质量模型研究:以上海市为例[J].中国人口科学,2011(3):83-92.

[104]章晓懿,梅强.社区居家养老服务绩效评估指标体系研究[J].统计与决策,2012(24):73-75.

[105]章晓懿.政府购买养老服务模式研究:基于与民间组织合作的视角[J].中国行政管理,2012(12):48-51.

[106]中共中央马克思恩格斯列宁斯大林著作编译局.马克思恩格斯选集:第3卷[M].2版.北京:人民出版社,1995.

[107]钟慧澜,章晓懿.从国家福利到混合福利:瑞典、英国、澳大利亚养老服务市场化改革道路选择及启示[J].经济体制改革,2016(5):160-165.

[108]周翠萍.我国政府购买教育服务的风险分析[J].教育科学,

2010,26(5):24-27.

[109]朱前鸿,刘伟.公平正义是社会主义的基本价值取向[N].人民日报,2016-04-29(7).

[110]姚洋.转轨中国:审视社会公正和平等[M].北京:中国人民大学出版社,2004:1-713.

[111]弗里曼.战略管理:利益相关者方法[M].王彦华,梁豪,译.上海:上海译文出版社,2006:89-98.

[112]诺思.制度、制度变迁与经济绩效[M].刘守英,译.上海:上海三联书店,1994.

[113]哈耶克.哈耶克论文集[M].邓正来,译.北京:首都经济贸易大学出版社,2001.

[114]边沁.政府片论[M].沈叔平,等译.北京:商务印书馆,1997.

[115]萨拉蒙.全球公民社会:非营利部门视角[M].贾西津,魏玉,等译.北京:社会科学文献出版社,2002.

[116]默顿.社会研究与社会政策[M].林聚任,等,译.上海:三联书店,2001.

[117]米尔顿·弗里德曼,罗斯·弗里德曼.自由选择个人声明[M].胡骑,席学媛,安强,译.北京:商务印书馆,1982.

[118]萨瓦斯.民营化与公私部门的伙伴关系[M].周志忍,等译.北京:中国人民大学出版社,2002.

[119]罗尔斯.正义论[M].何怀宏,何包钢,廖申白,译.北京:中国社会科学出版社,1988.

[120]Afonso A, Aubyn M T. Cross-country efficiency of secondary education provision: a semi-parametric analysis with nondiscretionary inputs [EB/OL]. (2006-06-15)[2017-01-09]

http://ideas.repec.org/r/ise/isegwp/wp52005.html.

[121]Afonso A, Fernandes S. Assessing and explaining the relative efficiency of Local Government: Evidence for Portu-guese Municipalities [J]. The Journal of Socio-Economics,2008, 37(5):1946-1979.

[122]Almasa I, Caooeleny A W, Lind J T, et a1. Measuring Unfair in Equality [J]. Journal of Public Economics,2011,95 (7-8) : 488-499.

[123]Asian Development Bank. Equity in the dlivery of pblic srvices in slected developing member countries. [R]. http://www.Adb.org/Documents/TARs/REG/41480-REG-TAR. pdf,2008.

[124]Babakus E, Boller G W. An empirical assessment of the SERVQUAL Scale [J]. Journal of Business Research, 1991,24 (3):253-268.

[125]Carter N, Klein R, Day P. How organizations measure success: the use of performance indicators in government [M]. London: Routledge, 1992:75-96.

[126]Charnes A, Cooper W W, Rhodes E. Measuring the Effi-ciency of Decision making Units[J]. European Journal of Opera-tional Research, 1978,2(6): 429-444.

[127]Cronin J J, Taylor S A. Measuring service quality: a reexamination and extension [J]. The Journal of Marketing, 1992,56(3): 55-68.

[128]Curry A, Stark S. Quality of service in nursing homes [J]. Health Services Management Research, 2000, 13(4):205-215.

[129]Dehoog R H. Competition, negotiation or cooperation: three models for service contracting [J]. Administration and Society, 1990,22(3): 386.

[130]Donabedian A. An introduction to quality assurance in health care [M]. New York: Oxford University Press, 2002: 3-26.

[131]Edelstein R H, Lacayo A J. Forecasting seniors hous - ing demand [M]. Boston: Springer US, 1998:12-16.

[132]Evans B M, Shields J. Neoliberal restructuring and the third sector:reshaping governance,civil society and local Relations[R]. 2006. http ://www. ryerson. ca/~cvss/WP13. pdf.

[133]Evashwick C, Rowe G, Diehr P, et al. Factors Ex - plaining the use of health care services by the elderly [J]. Health Services Research, 1984(19):337-382.

[134]Farmer H J. A conceptual model of service quality [J]. International Journal of Operations and Production Man - agement, 1988, 8(6):19-29.

[135]Farrell M J. The measurement of productive efficien - cy [J]. Journal of Royal Statistical Sociey, 1957, 120 (3) : 253-281.

[136]Galster G C, Hesser G W. Residential satisfaction compositional and contextual correlates [J]. Environment & Behavior, 1981,13(6):735-758.

[137]Golant S M. A place to grow old: The meaning of environment in old age [J]. Economic Geography, 1985,61(4).

[138]Golany B, Roll Y. An application procedure for DEA [J]. Omega,1989,17（3):237-250.

[139]Gorsky M, Sheard S. Financing medicine: The British Experience since 1750 [M].London: Routledge, 2006.

[140]Greenberg J N, Ginn A. A multivariate analysis of the predictors of long-term care placement [J]. Home Health Care Services Quarterly, 1979,1(1):75-99.

[141]Gronroos C. Strategic management and marketing in the service sector [M]. Cambridge, Mass: Marketing Science Institute, 1983:85-88.

[142]Harrington C, Swan J H. The impact of state medicaid nursing home policies on utilization and expenditures [J]. Inquiry, 1987,24(3):111-127.

[143]Hauner D, Kyobe A. Determinants of government effi-ciency [J]. World Development, 2010, 38(11): 1527 - 1542.

[144]Helena T G, Zheng N, Katz P. Measuring work environ-ment and performance in nursing homes [J]. Medical Care, 2009, 47(4): 482-491.

[145]Hodge G A. Privatization: an international review of performance [M]. Oxford: Westview Press, 2000:25-29.

[146]Johnson N. Mixed economics of welfare [M]. Hemel Hempstead: Prentice Hall International, 2009:22-25.

[147]Lacute R, Fern A O, Ballesteros N. Environmental conditions, health and satisfaction among the elderly: some empirical results [J]. Psicothema, 2001, 13(1):40-49.

[148]Lapré A L, Wright P G. Service quality in nursing homes: A construct, measurement and performance model to increase client focus in nursing homes [D]. Bradford: University of Bradford, 2013:11-17.

[149]Liljander V, Strandvik T. The nature of customer relationships in services[J].//. Swartz T A, Bowen,DE Brown SW, Advances in services marketing and management, london: JAI Press, 1995,5(4): 141-167.

[150]Lim J Y, Kim S I. Measurement of nursing service quality using SERVQUAL model [J]. Journal of Korean Academy of Nursing Administration, 2000, 6(2):259-279.

[151]Mandel I M B. Modelling effectiveness-equity trade-offs in public service delivery systems [J]. Management Science, 1991, 37(4):467-482.

[152]Mo P H, LI S K. Contract responsibility systems and productive efficiency:a case study on state-owned enterprises in China[J].Bulletin of Economic Research,1998,50(4):323-341.

[153]Musgrave R A, Musgrave P B. Public finance in theory and practice : 4 th ed. [M]. New York: McGraw-Hill Book Company, 1987: 530-545.

[154]Musgrave R A. The voluntary exchange theory of public economy [J]. The Quarterly Journal of Economics, 1939, 53 (2):213-237.

[155]Floves N E. Non-paternalistic altruism and welfare economics [J]. Journal of Public Economics, 2002, 83(2).

[156]Parasuraman A, Zeithaml A, Berry L. A conceptual model of service quality and its implications for future research [J]. Journal of Marketing. 1985, 49(4):41-50.

[157]Parasuraman A, Zeithaml A, Berry L. SERVQUAL:A multiple-item scale for measuring consumer perceptions of service quality[J]. Journal of Retailing,1988,64(1) :12-40

[158]Perez F R, Rivera E P, ABUIN J R, et al. Ageing in place: predictors of the residential satisfaction of elderly [J]. Social Indicators Research, 2001,54(2):173-208.

[159]Phillips D R, Siu O L, YEH A O et al. The impacts of dwelling conditions on older Persons, psychological well-being in Hong Kong: the mediating role of residential satisfaction [J]. Social Science & Medicine, 2005,60(12):2785-2797.

[160]Pitt L L, Oosthuizen, Morris M H. Service quality in A high tech industrial market: an application of Servqual[C]. Proceeding of American Marketing Association Summer Educators, Conference, Chicago : American Marketing Association, 1992:46-53.

[161]Rust R T , Oliver R L. Service quality: new directions in theory and practice[C] .Sage, London. 1994.

[162]Saaty T L. The analytic hierarchy process [M]. New York: Mc-Graw Hill, 1980.

[163]Salamon L. The tools of government: a guide to the new governance [M]. New York: Oxford University Press, 2002: 56-59.

[164]Samuelson P A. The pure theory of public expenditure [J]. The Review of Economics and Statistics, 1954, 36(4): 387-389.

[165]Scardina S A. Servqual: a tool for evaluating pa- tient satisfaction with nursing care [J]. Journal of Nursing Care Quality, 1994, 8(2):38-46.

[166]Schmid H. Organizational and structural dilemmas in nonprofit human service organizations [M]. New York: Haworth Press Inc, 2004:66-67.

[167]Sen A,Foster J. On economic inequality [M]. Oxford: Oxford University Press,1997:102-105.

[168]Shorrocks A F. The class of additively decompos- able inequality measures [J]. Econometrica,1980,48(3):613-625.

[169]Soyoung K, Byoungh O. An evaluation of the retail service quality scale for U.S. and Korean customers of dis- count stores [J]. Advances in Consumer Research, 2001(28): 169-176.

[170]Speng R A, Singh A K. An empirical assessment of the SERVQUAL Scale and the relationship between service quality and satisfaction [C]. In Enhancing Knowledge Development in Marketing, 1993:63-70.

[171]Theil H. Economics and information theory [M]. Chi- cago: Rand McNally, 1967:46-58.

[172]Wakefield R L. Service quality [J]. The CPA Journal, 2001, 71(8):58-60.

[173]Weiner B. An attributional theory of achievement moti - vation and emotion [J]. Psychological Review, 1985, 92(4): 548.

[174]Wolf R S. A social systems model of nursing home use [J]. Health Services Research, 1978,13(2):157-172.

[175]Zadeh L A. Fuzzy sets [J]. Information and Control, 1965,8(3):338-353.